MICHEL MONTIGNAC

RECETTES ET MENUS MONTIGNAC

ou

La gastronomie nutritionnelle

ÉDITIONS ARTULEN
46, avenue d'Iéna
75116 PARIS

AUTRES OUVRAGES DE L'AUTEUR AUX ÉDITIONS ARTULEN

Je mange donc je maigris !

Versions étrangères

- Espagne : *Comer para adelgazar*
- Royaume-Uni : *Eat yourself slim*
- Italie : *Mangio dunque dimagrisco*

Comment maigrir en faisant des repas d'affaires

Versions étrangères

- USA : *Dine out and lose weight*
- Espagne : *Como adelgazar en comidas de negocios*
- Italie : *Come dimagrire facendo pranzi d'affari*
- Allemagne : *Essen gehen und dabei abnehmen*
- Pays-Bas : *Slank worden met zakendiners*
- Royaume-Uni : *Dine out and lose weight*

Mettez un turbo dans votre assiette !

Photo de couverture : G. Larmuseau (Diaphor La Photothèque)

ISBN 2-906236-52-7

REMERCIEMENTS

L'élaboration de ce livre a requis la participation de personnes qui, chacune dans sa spécialité, a pu nous faire bénéficier de son « savoir-faire ».

Je tiens donc à remercier pour leur collaboration :

Christiane CRABÉ, cordon-bleu;

Claire GOFFART, diététicienne;

Françoise MATHEY, cordon-bleu;

le Docteur Hervé ROBERT, médecin nutritionniste;

Guy SANTORO, chef cuisinier, et son équipe du restaurant « Le Palmyre » à Cannes.

INTRODUCTION

Les lecteurs de *Comment maigrir en faisant des repas d'affaires* et de *Je mange donc je maigris !* m'ont réclamé, dès leurs premières publications, ce livre de recettes et menus. Si j'ai longtemps hésité à le réaliser, c'est qu'il ne me paraissait pas forcément nécessaire. Pire encore, il me semblait même quelque peu dangereux. En effet, la méthode nutritionnelle que je propose n'est pas fondée sur des restrictions comme un régime conventionnel, mais sur des choix. Elle consiste à changer ses habitudes alimentaires pour en adopter de meilleures, avec pour objectifs, une prévention de l'embonpoint, (voire sa disparition définitive), une prévention des risques cardio-vasculaires et un renouveau en termes de vitalité.

Pour ce faire, il existe une démarche préalable qui consiste non seulement à faire un effort de compréhension, mais aussi à effectuer une véritable prise de conscience.

— Prise de conscience que l'obésité est moins le résultat d'une alimentation trop riche que la conséquence de mauvaises habitudes alimentaires privilégiant, de manière excessive, les produits raffinés et les aliments dépourvus de qualités nutritionnelles.

— Prise de conscience que la diététique conventionnelle, désespérément hypocalorique, est non seulement erronée et inefficace, mais aussi dangereuse, comme l'affirme le docteur Hervé Robert : « C'est certainement la plus grande bavure scientifique du XXᵉ siècle ».

— Prise de conscience que ce qui importe dans la nourriture, c'est son contenu nutritionnel en termes de fibres, de vitamines, sels minéraux, oligo-éléments et acides gras essentiels. Or, ce sont précisément ces nutriments indispensables pour notre survie qui ont disparu de l'alimentation moderne.

Il est par ailleurs nécessaire de comprendre le fonctionnement de base de notre métabolisme et de notre appareil digestif.

Il convient enfin d'apprendre à classer les aliments en fonction de leur catégorie d'appartenance, mais aussi par rapport à leurs effets métaboliques.

La diététique conventionnelle suggère bêtement des listes de menus tout faits qui permettent éventuellement de maigrir idiot, ce qui est toujours, comme on le sait, éphémère, donc illusoire. Ce que je propose pour ma part, c'est de faire les choix alimentaires qui correspondent aux objectifs que l'on poursuit (amaigrissement, vitalité...), mais aussi qui tiennent compte des disponibilités alimentaires, c'est-à-dire de ce qu'il y a sur une carte de restaurant, de ce que l'on trouve chez un commerçant ou encore de ce qui reste dans un réfrigérateur.

En d'autres termes, si l'on a compris les principes de la méthode nutritionnelle que je recommande, il n'est pas nécessaire d'avoir à sa disposition des listes de menus spécifiques ni des recettes particulières. Dans toutes les situations de la vie familiale ou socioprofessionnelle, n'importe qui doit être capable de faire les choix qui conviennent et d'agencer les plats en conséquence.

Je suis toujours consterné lorsque je rencontre des gens qui assurent avoir perdu substantiellement du poids en « faisant », comme ils le disent incorrectement, « le régime MONTIGNAC », et qui s'étonnent d'avoir repris progressivement tous les kilos perdus. Dans tous les cas, il s'agit sans exception d'individus qui ont appliqué temporairement quelques principes de la méthode sans avoir véritablement pris conscience que pour obtenir des résultats définitifs, il convenait non pas de se priver à vie de quoi que ce soit, mais d'adopter à jamais de nouvelles habitudes alimentaires. Il est certain que les mêmes causes produisant les mêmes effets, dès que l'on retourne à un mode alimentaire pervers, les conséquences sont forcément identiques.

C'est pourquoi j'ai abandonné très tôt la rédaction de résumés ou autres « digests », dont le suivi, hors d'un contexte explicatif et éducationnel, ne pouvait conduire qu'à des résultats aléatoires et temporaires.

Tous ceux qui ne se sont pas contentés de chercher dans « la méthode » des gadgets pour maigrir, mais qui se sont efforcés d'en comprendre les véritables dimensions du point de vue de l'hygiène et de la philosophie alimentaire, ont non seulement obtenu les résultats définitifs qu'ils escomptaient, mais ont aussi découvert une source inépuisable de santé et de bien-être.

C'est pour eux que ces *Recettes et menus* ont été écrits, pour leur permettre, en toute connaissance de cause, d'aller encore plus loin dans l'application d'un concept qu'ils ont déjà parfaitement assimilé.

Je mets donc en garde tous les autres, c'est-à-dire ceux qui n'ont pas eu l'occasion de prendre connaissance des fondements de la « méthode MONTIGNAC » et qui seraient tentés de simplifier son approche en suivant les seules suggestions de ce livre. Je ne saurais trop leur recommander de découvrir préalablement les principes de la « méthode », à travers la lecture des ouvrages précédents [1]. C'est le seul moyen de mettre à profit le contenu de ce livre.

Il n'empêche que même si l'on est capable de faire correctement les choix alimentaires, après avoir parfaitement assimilé les principes de la « méthode », il n'est pas toujours facile de modifier une recette traditionnelle pour en faire une « recette MONTIGNAC ». C'est pourtant ce que nous nous sommes efforcés de faire dans ce livre, avec l'aide de professionnels.

L'autre objectif qui a été poursuivi était de fournir au lecteur une information de nature nutritionnelle. Manger ne consiste pas seulement à satisfaire son appétit ou encore sa gourmandise. La nourriture que nous absorbons doit aussi nous permettre de faire le plein des nutriments dont notre organisme a besoin pour se maintenir en bonne santé.

La société occidentale est depuis peu consciente du fait que l'alimentation industrielle moderne est en grande partie dépourvue de ces nutriments.

(1) *Comment maigrir en faisant des repas d'affaires*, Éditions Artulen.
Je mange donc je maigris !, Éditions Artulen.
Mettez un turbo dans votre assiette !, Éditions Artulen.

C'est pourquoi l'industrie pharmaceutique nous invite à consommer des compléments alimentaires sous forme de comprimés ou de gélules, ce qui est financièrement beaucoup plus intéressant pour elle que de nous proposer la modification de nos habitudes alimentaires.

Or, en dehors de la dépense importante qu'ils représentent, il faut savoir qu'isolés de leur contexte naturel, ces compléments sont mal assimilés par l'organisme humain. Il y a, semble-t-il, d'autres substances dans l'aliment naturel qui en potentialisent les effets, même lorsque la quantité est infinitésimale.

Le fait de privilégier une nourriture riche en fibres, comme c'est le cas dans les recettes de ce livre, conformément à la « méthode », aboutit forcément à la consommation d'aliments naturels abondamment pourvus en nutriments essentiels : vitamines, sels minéraux, oligo-éléments...

Mais, de la même manière qu'il est important de choisir ses aliments en fonction de leurs propriétés nutritionnelles, il est indispensable de savoir les conserver et les cuire en respectant quelques principes. Il convient en tout cas d'éviter certaines erreurs qui pourraient avoir pour conséquence une regrettable déperdition.

Enfin, on ne peut terminer cette introduction sans rappeler la nécessité de ne jamais perdre de vue le côté gastronomique de nos préparations culinaires. D'aucuns pourraient croire que c'est seulement par souci de préserver un patrimoine culturel, mais il faut savoir que c'est surtout pour ses vertus nutritionnelles que nous y sommes attachés.

Si notre savoir-faire culinaire national, qui puise ses racines dans le terroir, a toujours fait l'enchantement des gourmets, il a aussi fait le désespoir des diététiciennes conventionnelles d'inspiration hypocalorique. Car ces obsédées de la calorie ont toujours affirmé que les penchants pour la bonne chère, qui conduisent à une nourriture trop riche, étaient condamnables.

Or, les plus sérieuses études scientifiques réalisées ces dernières années, viennent démontrer le contraire, leur infligeant ainsi un cuisant démenti.

C'est enfin, comme le titrait dernièrement avec humour un grand magazine, « la chute des anciens régimes ».

Démonstration est faite désormais que le mode alimentaire traditionnel français est bien celui qui nous a protégé des fléaux, tels l'obésité et les maladies cardio-vasculaires, dont sont victimes les autres pays occidentaux et particulièrement les USA.

La France ayant dans ce domaine les moins mauvais scores, le mode alimentaire français devient dès lors un modèle.

Voilà une bonne nouvelle qui ne peut que vous encourager à vous mettre aux fourneaux avec encore plus d'enthousiasme.

CHAPITRE I

COMPOSITION ET RICHESSE NUTRITIONNELLE DES ALIMENTS

On peut faire deux reproches fondamentaux au mode alimentaire moderne, d'inspiration nord-américaine. D'abord, il est principalement composé d'aliments raffinés (sucres, farines blanches...), donc dépourvus des nutriments essentiels, ou d'aliments qui en sont naturellement privés, ou bien encore qui en perdent une grande quantité en cuisant comme la pomme de terre.

Ensuite, la diversité de cette nourriture est si pauvre que le consommateur en est réduit à manger toujours la même chose, ce qui le conduit à un véritable « monophagisme ». Les conséquences de cette situation s'expriment alors en termes de carences ou tout au moins de subcarences en vitamines, sels minéraux et en oligo-éléments.

De plus, l'individu perd progressivement la notion de goût, de plaisir gustatif, qui est l'un des critères de raffinement de notre civilisation.

Le développement de l'industrie agro-alimentaire, par le biais de la chimie, n'est pas seulement dangereux pour la survie de notre espèce, mais il sonne également le glas de notre évolution, en ouvrant grand les portes d'une indéniable décadence.

C'est pourquoi il importe de s'attacher à défendre notre patrimoine culinaire national d'autant que la science nous démontre aujourd'hui qu'il peut être crédité de presque toutes les vertus.

CLASSIFICATION DES ALIMENTS

Il serait superflu de réitérer ici des notions qui sont étudiées en détail dans d'autres ouvrages. J'aimerais simplement rappeler quelques éléments fondamentaux.

Les aliments sont composés de deux types de nutriments :

— **les nutriments énergétiques,** dont le rôle est à la fois de fournir de l'énergie et de servir de matière première à de nombreuses synthèses, pour la construction et la reconstruction de la matière vivante. Ils comprennent :

— les protéines
— les glucides
— les lipides

— **les nutriments non énergétiques,** nécessaires à l'assimilation et au métabolisme des précédents, et dont certains servent de catalyseurs aux innombrables réactions chimiques qui les mettent en jeu. Ce sont :

— les fibres
— l'eau
— les vitamines
— les sels minéraux
— les oligo-éléments

La diététique conventionnelle, dont le discours éculé n'a pas évolué d'un iota depuis trente ans, prétend qu'il faut manger équilibré. Cela veut dire qu'il conviendrait de composer chacun de nos repas de manière à avoir 15 % de protéines, 55 % de glucides et 30 % de lipides.

Or nous savons aujourd'hui, et même depuis un certain temps que cette répartition est totalement insuffisante car, lorsque l'on parle de protéines, glucides et lipides, il est impératif de préciser desquels il s'agit. Il existe en effet, pour chacune de ces rubriques, des sous-rubriques dont les caractéristiques nutritionnelles diffèrent totalement.

En ce qui concerne les glucides, il en existe deux catégories :

— les glucides à index glycémique élevé (mauvais glucides) qui peuvent avoir un effet pervers sur le métabolisme et entraîner indirectement fatigue et embonpoint.

— les glucides à index glycémique bas (bons glucides) qui ont peu ou pas d'effets indésirables sur le métabolisme et qui généralement ont un contenu élevé en nutriments essentiels (vitamines, sels minéraux, oligo-éléments).

De la même manière, il est à la fois insuffisant et dangereux de parler de lipides (graisses) sans plus de précision. On sait en effet qu'il y a désormais les « bons », c'est-à-dire ceux qui font baisser le cholestérol (le poisson, l'huile d'olive, la graisse d'oie...) et les « mauvais » (le beurre, les graisses de bœuf, de mouton, de porc...) qui favorisent les dépôts de graisses sur les parois des artères.

Quant aux protéines, il est aussi important de préciser si leurs origines sont animales ou végétales, car leur complémentarité est indispensable.

On comprend dès lors qu'il soit stupide de parler encore d'équilibre alimentaire, sans tenir compte de la différenciation qu'il y a entre les grandes familles de nutriments.

C'est pourtant ce que s'obstine toujours à faire la diététique « ringarde », qui a toujours pignon sur rue et dont l'industrie agro-alimentaire a emboîté le pas, avec la bénédiction naïve des médias.

Il est par ailleurs pitoyable de voir nos plus grands chefs français arrondir leur fin de mois en se compromettant lamentablement dans la confection de plats tout préparés, dont le contenu nutritionnel, inspiré par des diététiciens d'un autre âge, est plus que douteux.

On peut imaginer leur embarras, comme la décrépitude de leur image, lorsque d'ici peu la « gastronomie nutritionnelle », dont nous défendons les principes, aura définitivement et officiellement balayé les idées reçues.

Par ailleurs, on sait désormais que le rôle des nutriments non énergétiques est déterminant, non seulement pour assurer correctement toutes les fonctions métaboliques, mais aussi pour garantir à l'organisme une vitalité et une santé optimales.

En faisant ses courses, il importe donc que le choix des aliments se fasse en fonction de leur contenu nutritionnel. Le même souci devra prévaloir au niveau de la conservation des aliments et de leur cuisson.

Voici donc quelques informations générales qui devraient vous permettre de faire correctement vos choix.

APPORTS QUOTIDIENS CONSEILLÉS EN MICRONUTRIMENTS POUR UN ADULTE SAIN

— Potassium	3 000 mg
— Calcium	800 à 1 000 mg
— Phosphore	800 à 1 000 mg
— Magnésium	350 mg
— Sodium	4 000 mg
— Fer	20 mg
— Cuivre	3 mg
— Zinc	15 mg
— Manganèse	12 mg
— Fluor	1 mg
— Provitamine A (bêtacarotène)	6 mg
— Vitamine A	1 mg
— Vitamine B1	1,5 mg
— Vitamine B2	1,8 mg
— Vitamine B5	10 mg
— Vitamine B6	2,2 mg
— Vitamine B9	400 µg
— Vitamine C	100 mg
— Vitamine D2	10 µg
— Vitamine E	15 mg
— Vitamine PP	18 mg

RICHESSES NUTRITIONNELLES DES ALIMENTS

Certains aliments sont plus riches que d'autres en un type de nutriment particulier. Voici une liste qui pourra vous aider dans vos choix nutritionnels :

Aliments riches en bêtacarotène (précurseur de la vitamine A)

Antioxydant luttant contre les radicaux libres (ces derniers favorisant le vieillissement, les maladies cardio-vasculaires et le cancer).

— cresson
— épinard
— mangue
— melon
— abricot
— brocoli

En fait, tous les légumes et fruits très colorés contiennent du bêtacarotène.

Aliments riches en vitamine E

Antioxydant luttant contre les radicaux libres :

— le germe de blé
— toutes les huiles végétales
— les margarines
— les fruits oléagineux
— les céréales brutes
— le chocolat

Aliments riches en acide folique (ou vitamine B9)

Son déficit est dangereux chez la femme enceinte et le vieillard :

— levure de bière
— foie
— huîtres
— soja
— légumes verts
— légumineuses
— pain intégral et complet

Aliments riches en vitamine C (ou acide ascorbique)

Antioxydant luttant contre les radicaux libres et stimulant l'immunité. Elle manque chez le fumeur :

— cassis
— persil
— kiwi
— citron
— brocoli
— fruits et légumes (surtout crus)

Attention, la vitamine C est très fragile, elle s'oxyde vite à l'air et est détruite progressivement par la cuisson.

OLIGO-ÉLÉMENTS SELS MINÉRAUX	FONCTIONS	SOURCES
Calcium	Nécessaire à la formation du squelette et des dents. Son apport suffisant prévient l'ostéoporose.	fromage laitages (même écrémés) levure de bière sardines (avec arêtes) œufs fruits secs, pruneaux eaux calcaires
Magnésium	Régularise la contraction musculaire. C'est un rééquilibrant nerveux qui prévient les effets pervers du stress.	bigorneaux son de blé poudre de cacao chocolat soja fruits oléagineux légumineuses pain intégral
Fer	Nécessaire pour maintenir un bon niveau immunitaire. Sa carence favorise l'anémie, la fatigue et les infections. Le fer d'origine animale est beaucoup mieux absorbé par l'intestin que le fer provenant des végétaux.	boudin noir (en manger une fois par semaine, apporte la ration de fer hebdomadaire) moules viande rouge foie poudre de cacao levure de bière
Zinc	Il régule l'absorption des glucides en agissant sur l'insuline. Rôle antioxydant et de stimulation immunitaire.	huîtres légumineuses foie de canard levure de bière
Sélénium	Antioxydant qui lutte contre les radicaux libres.	huîtres foie de poulet homard porc et bœuf poisson œufs champignons oignons pain intégral et complet

OLIGO-ÉLÉMENTS SELS MINÉRAUX	FONCTIONS	SOURCES
Chrome	Il améliore le métabolisme glucidique et combat l'hyperinsulinisme. Son apport est capital chez l'obèse et le diabétique.	jaune d'œuf levure de bière peau des fruits et des légumes germes de céréales abats champignons huîtres
Potassium	Règle la perméabilité cellulaire.	levure de bière abricot sec légumineuses pruneaux dattes amande, noisette champignons banane chocolat
Fluor	Protège les os, les ligaments et les dents.	thé maquereaux sardines à l'huile eau St-Yorre eau de Vichy eau de Badoit

CONSEILS POUR CONSERVER LA RICHESSE VITAMINIQUE DES ALIMENTS

— Utilisez des produits de première fraîcheur plutôt que des aliments ayant déjà été stockés quelques jours.

— Achetez si possible vos légumes au jour le jour, au marché ou chez un maraîcher local.

— Utilisez le moins d'eau possible lors de la préparation (lavage, trempage).

— Préférez les fruits et les légumes crus (sauf en cas d'intolérance digestive).

— Épluchez et râpez le moins possible.

— Évitez les cuissons prolongées.

— Évitez de maintenir trop longtemps les plats au chaud.

— Conservez l'eau de cuisson pour faire un potage, elle contient des vitamines hydrosolubles.

— Pour les légumes, préférez la cuisson à la vapeur plutôt qu'à l'eau.

— Cuisinez de manière à éviter les restes qui séjourneront au réfrigérateur et seront réchauffés.

— Choisissez la qualité en privilégiant par exemple les cultures biologiques.

— Les rôtis et les grillades conservent davantage les vitamines des viandes.

— Les produits congelés sont plus riches en vitamines que les conserves.

— Ne pas exposer le lait à la lumière.

CUISSONS, SAUCES ET ASSAISONNEMENTS

Pour cuire :

— le gras dans la cuisine n'est absolument pas indispensable, privilégiez plutôt la cuisine à la vapeur, à l'étouffée, en papillotes, au court-bouillon ou la grillade, si elle est bien faite;

— pensez aux poêles à revêtement anti-adhésif, fuyez le barbecue horizontal;

— proscrivez les fritures;

— évitez le beurre et bannissez la végétaline (huile de palme);

— au besoin, utilisez de l'huile d'olive, une margarine au tournesol ou de la graisse d'oie;

— préférez la cocotte minute au mijotage prolongé;

— jusqu'à plus ample information, le four à micro-ondes ne serait pas toxique et altérerait peu les aliments. Ne pas en abuser pour autant.

Les sauces :

— certaines rendent le plat trop gras et donc plus long à digérer (4 à 5 heures) ;

— préférez simplement le déglaçage du plat de cuisson (après l'avoir débarrassé des graisses) avec éventuellement une cuillère à soupe de crème fraîche allégée ou encore un yaourt ;

— pour donner de la consistance à une sauce sans utiliser de farine, incorporez une purée de champignons de Paris faite au mixeur (champignons cuits au préalable), ou bien rajoutez un jaune d'œuf (daube, civet, blanquette, mouclade...) ;

— pour les légumes, vous pouvez ajouter, au moment de servir, une noix de beurre frais ou un filet d'huile d'olive ;

— pour vous faire plaisir, vous pouvez parfois préparer une sauce béarnaise ou une mayonnaise. Mais user n'est pas abuser.

Assaisonnements :

— pour les vinaigrettes : procédez vous-même au mélange d'huile, de vinaigre (ou de citron) et de moutarde. Les vinaigrettes toutes faites sont à proscrire car elles contiennent toutes des additifs pervers : sucre, amidons modifiés ;

— vous pouvez faire une sauce de salade sans lipides avec du citron et un yaourt maigre, mais n'abandonnez pas pour autant la consommation d'huiles végétales (olive, tournesol...) car vous risqueriez une carence en acides gras essentiels et en vitamine E ;

— si le régime sans sel est inutile pour maigrir, l'abus de sel n'est pas pour autant indiqué ;

— pensez à l'ail, ce condiment a de multiples propriétés préventives bénéfiques ;

— ne faites pas une cuisine fade, pensez à ensoleiller vos plats avec des épices et des fines herbes.

LES ALIMENTS A PRIVILÉGIER

L'ail

L'ail est l'un des plus vieux aliments et les anciens en ont toujours privilégié la consommation en sachant, intuitivement sans doute, qu'il leur était particulièrement salutaire. On sait que les ouvriers constructeurs des pyramides en faisaient quotidiennement leur ordinaire. Il est aujourd'hui réduit au rang de simple épice, aux vertus exceptionnelles certes, mais méconnues.

L'ail contient en effet diverses substances dont on a pu démontrer les effets bénéfiques pour la santé. L'allicine qu'il contient détruit les amibes et garantit une bonne agrégation plaquettaire, étape clé de la coagulation sanguine.

Les propriétés anticoagulantes de l'ail rendent par ailleurs le sang plus fluide et participent de ce fait à la prévention des thromboses, cause fréquente des maladies cardio-vasculaires.

D'autres études ont prouvé que la consommation d'ail diminue la glycémie, le taux des triglycérides et le LDL cholestérol. De plus, on sait qu'il fait baisser la tension artérielle, ne serait-ce que par son action diurétique.

Les poissons

Au même titre que la viande, les poissons sont une excellente source de protéines, mais ils contiennent en revanche de « bonnes graisses » qui ont une action bénéfique sur le plan cardio-vasculaire.

Les graisses de poissons font en effet baisser le taux de triglycérides et contribuent à faire augmenter le taux de « bon cholestérol » (HDL cholestérol).

On peut donc affirmer, même si cela peut paraître surprenant, que plus le poisson est gras, plus il permet une meilleure protection cardio-vasculaire. Il convient donc de privilégier le saumon, le thon, les maquereaux, les harengs et les sardines dans son alimentation.

Le yaourt

D'aucuns pourraient croire que le yaourt est un aliment moderne et qu'à ce titre sa fabrication relève sans doute des pratiques industrielles habituelles.

Qu'ils se détrompent, car le lait caillé, son proche cousin, existe depuis la nuit des temps. Qu'ils sachent aussi que le premier véritable yaourt est apparu officiellement sous François Ier. Il faudra cependant attendre 1925 pour que le mot « yaourt » fasse son entrée dans le *Larousse* et 1955, après l'arrivée du yaourt bulgare, et que les Français deviennent, en trente ans, les champions du monde de sa consommation derrière les Danois.

On peut cependant regretter que, sans pour autant le rejeter, la gastronomie de ces dernières années l'ait tenu à l'écart.

Son goût, tout au moins quand il est fait dans les règles de l'art, mérite en tout cas qu'on lui prête plus d'attention. Quant à ses vertus nutritionnelles, elles sont telles que le yaourt devrait occuper une place prioritaire dans l'ordre des aliments qui nous « veulent du bien ».

L'une des grandes particularités du yaourt réside dans son pouvoir biologique. Il contient en effet des bactéries actives qui font partie de notre indispensable flore intestinale. Ce sont ces bactéries qui participent à la dégradation de nos aliments, dans le processus digestif.

Or, cette collaboration essentielle se trouve mise en péril dans notre alimentation moderne, non seulement parce qu'elle n'est pas assez variée, mais aussi par la consommation d'antibiotiques sous forme résiduelle, dans les viandes d'élevages industriels ou les médicaments.

De nombreux travaux scientifiques ont montré par ailleurs qu'outre l'augmentation des apports en calcium, la consommation de yaourt entraînait une très nette diminution des troubles digestifs et allergiques.

Certaines études ont également mis en évidence une augmentation de la production d'interféron. Il faut savoir que cette substance est un élément fondamental du fonctionnement de notre système immunitaire, donc du pouvoir de défense de l'organisme.

Il a d'autre part été prouvé que le yaourt faisait baisser le cholestérol et qu'il pouvait même avoir un effet préventif contre certains cancers.

Manger des yaourts doit donc faire partie d'une certaine hygiène alimentaire. Il peut même être intégré avec intérêt dans certaines préparations culinaires. (Voir la partie recettes.)

L'huile d'olive

Championne « toutes catégories » des bonnes graisses, l'huile d'olive n'en finit pas d'étonner par ses propriétés nutritionnelles.

Par son extrême richesse en acides gras monoinsaturés (acide oléique), son contenu en polyphénol, en vitamine E et A, l'huile d'olive est l'un des aliments les plus bénéfiques qui soit pour la santé.

Ses innombrables vertus sont en effet les suivantes :

— elle diminue le cholestérol total et les triglycérides,
— elle augmente le « bon » cholestérol (HDL),
— elle permet l'amélioration des hypertensions artérielles,
— elle fait baisser la glycémie (facteur indirect d'embonpoint),
— elle lutte contre les radicaux libres qui sont responsables du vieillissement et des cancers.

C'est pourquoi il est recommandé d'en user et même d'en abuser. 25 à 50 % des apports lipidiques devraient être constitués par l'huile d'olive.

On a pu remarquer à ce propos, que la plupart des pays méditerranéens, dont la consommation d'huile d'olive est importante, ont un taux de maladies cardio-vasculaires particulièrement bas.

Il faut d'ailleurs savoir que la région du monde où il est le plus bas et où la longévité est la plus importante, est la Crète. Les habitants de ce pays, premier producteur du monde d'huile d'olive, en sont aussi les premiers consommateurs, puisqu'elle représente 60 % de leur consommation en graisse.

La levure de bière et le germe de blé

Nous savons que la nourriture moderne qui transite par les chaînes de fabrication et de conservation industrielles est carencée en nutriments essentiels (vitamines, sels minéraux et oligo-éléments).

C'est pourquoi, il est recommandé d'être particulièrement vigilant dans les choix alimentaires que nous faisons, notamment lorsque nous effectuons les achats destinés à nos préparations culinaires.

Malgré ces précautions, et bien que nous nous employions à avoir une alimentation variée, nous ne sommes jamais certains d'avoir un apport optimal en micronutriments.

Nous avons signalé précédemment que les compléments alimentaires synthétiques, en gélules ou en comprimés, étaient mal absorbés et donc insuffisamment efficaces pour justifier la dépense importante qu'ils représentent.

Il existe cependant deux produits qui sont des aliments à part entière et dont le contenu en nutriments essentiels est tout à fait exceptionnel : ce sont la levure de bière sèche et les germes de blé. Je ne saurais donc trop vous encourager à en consommer quotidiennement.

On les trouve sous différentes présentations, mais il peut être utile de se renseigner pour choisir la forme la plus naturelle et la plus économique et éviter notamment des produits qui contiennent des additifs et autres conservateurs pervers [1].

La levure de bière est en outre riche en chrome, ce qui contribue à améliorer la tolérance au glucose, entraînant par conséquent une baisse de la glycémie et de l'insulinémie.

(1) En téléphonant au service consommateur au 40 70 91 47 où des médecins conseils pourront vous renseigner.

POUR 100 G	LEVURE DE BIÈRE SÈCHE	GERME DE BLÉ
eau	6 g	11 g
protides	42 g	26 g
glucides	19 g	34 g
lipides	2 g	10 g
fibres	22 g	17 g
potassium	1 800 mg	850 mg
magnésium	230 mg	260 mg
phosphore	1 700 mg	1 100 mg
calcium	100 mg	70 mg
fer	18 mg	9 mg
bêtacarotène	0,01 mg	0 mg
vitamine B1	10 mg	2 mg
vitamine B2	5 mg	0,7 mg
vitamine B5	12 mg	1,7 mg
vitamine B6	4 mg	3 mg
vitamine B12	0,01 mg	0 mg
acide folique	4 mg	430 mg
vitamine PP	46 mg	4,5 mg
vitamine E	0 mg	21 mg

CHAPITRE II

LES ALIMENTS AUX VERTUS NUTRITIONNELLES MÉCONNUES

Certains aliments sont depuis toujours dans le colimateur des diététiciens conventionnels dont on sait que les principes sont exclusivement fondés sur des croyances. Il s'agit du vin, du chocolat, du foie gras et du fromage au lait cru.

Dieu merci, des études scientifiques viennent désormais nous confirmer ce qu'intuitivement les anciens avaient toujours su. En effet, non seulement il n'existe aucune contre-indication pour la consommation (en quantité raisonnable) de ces produits, mais on sait aussi qu'ils recèlent, chacun dans leur catégorie, des qualités nutritionnelles exceptionnelles.

La gastronomie traditionnelle n'a jamais accepté de les exclure car ils en sont les fleurons. La « gastronomie nutritionnelle » ne se contente pas aujourd'hui de les réhabiliter, elles les recommande comme des aliments aux vertus salutaires incomparables.

LE VIN

Le docteur Maury [1] avait parfaitement raison quand il disait : « *le vin s'est laissé enfermer dans un ghetto, celui des boissons alcooliques* ».

La législation, mais aussi une partie de l'opinion publique, a en effet tort de faire un amalgame de toutes les boissons qui contiennent de l'alcool. Car en réalité, une distinction très nette doit être faite entre l'alcool éthylique, naturel, issu de la fermentation du jus de fruit et l'alcool de distillation qui est en quelque sorte un produit de synthèse.

(1) *La médecine par le vin,* Éditions Artulen.

Le vin est un aliment à part entière, bénéfique pour la santé (en deçà de la dose raisonnable d'un demi-litre par jour) alors que l'alcool de distillation est par nature toxique.

1) Prévention des maladies cardio-vasculaires

De nombreuses études ont montré que les pays où l'on buvait du vin avaient un taux de décès par maladies cardio-vasculaires très inférieur aux autres. Les Français, qui boivent dix fois plus de vin que les Américains, ont quatre fois moins de problèmes cardio-vaculaires.

Même s'il y a d'autres facteurs alimentaires qui expliquent cette différence, on sait aujourd'hui que le vin est plutôt bénéfique dans ce domaine. On a pu en effet prouver que l'alcool de fermentation, correspondant à une consommation maximale de 30 g par jour (soit l'équivalent d'une demi-bouteille de bordeaux), favorise la baisse du cholestérol sanguin total et augmente le « bon cholestérol » (HDL cholestérol).

Outre l'effet bénéfique de l'alcool en petites quantités, le vin contient des centaines d'autres substances. Le professeur Masquelier a notamment étudié les polyphénols (contenus dans le tanin), puissants antioxydants, qui protègent les parois artérielles en évitant leur vieillissement. Le vin prévient également les thromboses en agissant favorablement sur la coagulation sanguine.

2) Sels minéraux et oligo-éléments

Le vin est certainement l'un des aliments dont la concentration en minéraux et oligo-éléments est la plus riche. Or on sait que l'alimentation moderne en est généralement dépourvue.

On trouve ainsi dans le vin du cuivre, qui évite le développement des mycoses ; du zinc, indispensable pour un bon fonctionnement sexuel ; du magnésium et du lithium, dont le rôle anti-stress est bien connu. Mais le vin contient aussi du fer qui stimule l'immunité et prévient l'anémie. Quant au calcium et au manganèse qu'il recèle, ils garantissent un bon fonctionnement des cellules.

Le vin contient aussi des fibres solubles, encore trop méconnues, qui jouent un rôle déterminant dans la modulation de l'absorption digestive des glucides et des lipides (graisses).

On réalise ainsi, que si l'on reste dans les limites d'une consommation raisonnable, le vin est, comme le disait Pasteur : « *la plus hygiénique des boissons* ». En conséquence, en user sans en abuser est incontestablement bénéfique pour la santé.

LE CHOCOLAT

Comme le vin, le chocolat, qui a fait preuve de ses vertus nutritionnelles à travers les siècles, s'est laissé injustement remiser par les diététiciens conventionnels dans la catégorie des aliments suspects.

Il s'est ainsi vu taxé de tous les maux, non seulement par parti pris, mais aussi parce que le produit que l'on nous a vendu pour du chocolat, ces dernières années, n'était rien d'autre que du sucre légèrement cacaoté. Il convient donc de remettre doublement « les pendules à l'heure » en affirmant d'une part que le chocolat est d'une richesse nutritive exceptionnelle, et d'autre part en précisant que cette caractéristique ne concerne que le chocolat noir amer et fortement cacaoté (70 %).

On l'aura vite compris, ce qui est bon dans le chocolat, c'est le cacao et non pas tous les compléments ou autres substituts dont on l'a affublé pour des raisons économiques.

De nombreuses études scientifiques ont en effet montré que les reproches que l'on faisait au chocolat (migraines, allergies, acné, crises de foie, caries...) étaient là encore à classer dans le domaine des idées reçues[1]. D'autres études ont montré par ailleurs que le chocolat a des propriétés nutritionnelles exceptionnelles.

Le beurre de cacao qui en constitue la fraction lipidique est composé en majorité d'acides gras monosaturés, c'est-à-dire de « bonnes » graisses, celles qui font baisser le mauvais cholestérol (LDL cholestérol) et contribuent à augmenter le « bon » (HDL cholestérol).

---

(1) Lire à cet effet le livre du docteur Hervé Robert *Les vertus thérapeutiques du chocolat*, Éditions Artulen.

De plus, le cacao contient des phytostérols qui font également diminuer le taux de triglycérides dans le sang. Le chocolat recèle par ailleurs des polyphénols qui ont la propriété de protéger les parois artérielles.

C'est ce qui fait dire au professeur Chaveron que « *bientôt il faudra intégrer le chocolat dans l'alimentation comme facteur de prévention du risque cardio-vaculaire* ».

Quant aux glucides du chocolat, ils n'ont aucun effet pervers sur la glycémie car les protéines et fibres solubles qu'il contient ramènent son index glycémique à 22, ce qui prouve ainsi que « *le chocolat ne fait pas forcément grossir* ».

Il faut savoir d'autre part que le cacao est l'une des meilleures sources de magnésium, de potassium, de cuivre et de vitamine E.

Enfin, la présence de caféine, de théobromine et de théophylline explique son effet tonique, voire aphrodisiaque. Quant à la phényléthylamine, elle a un effet antidépresseur indéniable.

C'est pourquoi, la consommation de chocolat noir contenant au moins 70 % de cacao est fortement encouragée, car le chocolat n'est pas seulement un authentique plaisir gastronomique, c'est aussi un aliment à part entière, aux remarquables vertus nutritionnelles.

LE FOIE GRAS ET LA GRAISSE D'OIE

Le foie gras est incontestablement l'un des symboles de la gastronomie. C'est pour cette raison qu'il a toujours paru suspect aux yeux des diététiciens conventionnels. Le fait qu'il contienne 45 % de lipides ne pouvait en effet que les conduire à le classer parmi les aliments diététiquement douteux, en dépit de ses vertus gustatives. Or, depuis quelques années, une équipe de chercheurs est en train de prouver que si le foie gras peut être lavé de tout soupçon, il peut également être considéré comme un aliment d'une surprenante richesse nutritionnelle.

Les choses ont commencé à basculer au milieu des années 1980, lorsqu'un programme d'études, patronné par l'OMS (Organisation Mondiale de la Santé), a attiré l'attention des observateurs sur la situation particulièrement favorable du département français du

Gers. Comment expliquer en effet que les habitants de cette région aient la meilleure espérance de vie de notre pays et que le taux des maladies cardio-vasculaires y soit le plus bas de France ? Notre pays, on le sait, atteint déjà l'un des meilleurs scores du monde dans ce domaine. Les différenciations par zones géographiques ont bien montré que les populations du sud-ouest étaient plutôt privilégiées. Mais, à l'intérieur de cette zone, les habitants du Gers, eux, bénéficient d'une situation tout à fait exceptionnelle puisque leur espérance de vie est de 25 % supérieure aux départements voisins. Qu'est-ce qui fait la différence ? La réponse est simple, même si elle surprend : c'est la consommation importante de graisse d'oie et de canard (confit et foie gras obligent) qui change tout.

Le docteur Renaud de l'INSERM et son équipe, ont en effet montré que les graisses d'oie et de canard contenaient (comme l'huile d'olive) une proportion importante d'acide oléique, ce qui en faisait un aliment dont la consommation était particulièrement bénéfique pour la protection du système cardio-vasculaire.

« *Il y a dans la nature* » dit le docteur Renaud, « *tout ce qu'il faut pour vivre en bonne santé* ». On s'en doutait un peu, mais on était loin de penser qu'elle était si généreuse.

LE FROMAGE AU LAIT CRU

Si le prince Charles d'Angleterre n'était pas venu voler au secours des fromages fabriqués au lait cru, sérieusement menacés par la normalisation européenne, la France aurait perdu un des plus beaux fleurons de sa gastronomie. La bataille n'est pas terminée pour autant, mais les fonctionnaires aseptisés de la communauté vont désormais avoir fort à faire pour traduire dans les faits leur vision paranoïaque de l'hygiène et de la fermentation chimique.

Mais ce dont les producteurs français ne sont pas conscients, c'est que si l'on nous avait supprimé les plus nobles fabrications fromagères de notre pays, nous aurions perdu du même coup l'un des aliments les plus bénéfiques pour notre santé.

La diététique conventionnelle, encore elle, a toujours injustement jeté l'opprobre sur les fromages en leur reprochant d'être trop gras, donc trop caloriques. On a pensé aussi pendant longtemps que les graisses du fromage devenaient perverses eu égard à la prévention des maladies cardio-vasculaires.

D'aucuns se sont pourtant étonnés que de gros mangeurs de fromages comme les Français aient quatre à six fois moins de problèmes cardio-vasculaires que ceux (les USA notamment) qui n'en mangeaient pas ou qui en consommaient un ersatz dont la consistance et le goût sont plus proches de ceux du plâtre et du savon. La seule consommation du vin ne peut pas tout expliquer.

Or, depuis quelques années, l'équipe de chercheurs du docteur Renaud a montré que l'absorption des graisses des fromages fermentés était beaucoup plus faible qu'on ne le pensait. Les acides gras forment en effet avec le calcium des sels insolubles qui sont éliminés dans les selles.

D'autres travaux montrent aussi que la fermentation du lait cru, qui se fait naturellement, conduit à une véritable transformation de la nature des graisses. C'est la structure moléculaire de la graisse saturée[1] qui est en fait modifiée au point de limiter son absorption intestinale.

Le fromage traditionnel au lait cru n'aurait donc ainsi aucun effet pervers sur le système cardio-vasculaire contrairement aux fromages fabriqués à base de lait pasteurisé[2].

(1) Les graisses alimentaires (lipides) sont formées à 98 % de triglycérides constituées de l'union d'une molécule d'alcool (le glycérol) et de trois molécules d'acide gras.

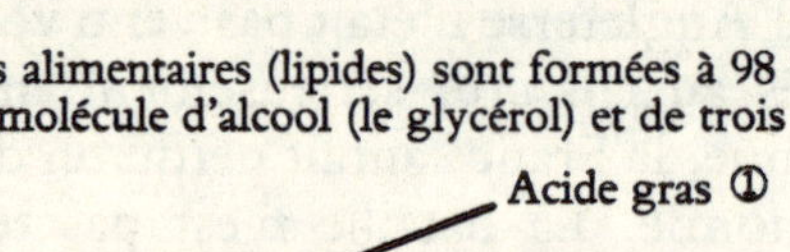

Dans les graisses saturées, seuls les acides gras en position 2 sont bien absorbés par la paroi intestinale. Or, la fermentation naturelle du lait cru qui modifie la structure moléculaire des graisses, supprime en grande partie les acides gras en position 2.
Ainsi, même si dans un fromage au lait cru la quantité de graisse saturée est importante, son absorption intestinale est réduite.

(2) La pasteurisation consiste à chauffer le lait à 72 °C pendant 20 à 30 secondes. Elle entraîne ainsi la destruction des bactéries nécessaires à la fermentation et à l'affinage.
Le lait doit donc être réensemencé avec des germes industriels produits par des usines spécialisées.

Le fromage au lait pasteurisé est donc un « substrat » industriel inerte dont la nature des

On a même tout lieu de penser que la fermentation naturelle, comme c'est le cas pour le yaourt, ainsi que l'affinage, modifierait les caractéristiques physico-chimiques du lait, au point que la consommation de fromage au lait cru aurait la propriété de prévenir les risques cardio-vasculaires. Voilà en tout cas un argument de poids qui devrait faire définitivement pencher la décision de la Commission Européenne du bon côté et dont le lobby des hygiénistes ne devraient jamais pouvoir se remettre.

De plus, il faut savoir que les aliments lacto-fermentés stimulent le muscle cardiaque, favorisent la synthèse des vitamines B, protègent de divers types de pollutions (telles que celles qui sont causées par les nitrates), et préviendraient même l'apparition de certains cancers.

Le plateau de fromages (au lait cru) qui a malheureusement trop tendance à disparaître des menus qui se prétendent pourtant gastronomiques, doit donc être au plus vite réhabilité.

On a vu que les arguments convainquants ne manquent pas, à moins qu'il ne faille rappeler les propos de Maupassant qui affirmait avec un certain romantisme « *qu'un repas sans fromage était aussi triste qu'un baiser sans moustache* ».

---

graisses saturées est intacte. Le fromage au lait cru est au contraire une matière vivante qui recelle des vertus nutritionnelles.
Ce sont les Américains qui ont été amenés à généraliser la pasteurisation (interdisant les fabrications au lait cru) par crainte des intoxications alimentaires.

Les statistiques ont cependant toujours montré que les rares cas de contamination (Vacherin Suisse) se sont toujours produits avec des fromages au lait pasteurisé. L'expérience a par ailleurs montré que plus le fromage a subi une période d'affinage, moins il y a de risques.

CHAPITRE III

MENUS POUR TROIS MOIS
(en phase I)

J'ai déjà précisé dans l'introduction que c'est presque à contre-cœur que je propose une liste de menus. Car une fois encore, je considère que lorsque l'on a compris les principes de base de la « méthode », on doit être capable de faire ses propres menus en conséquence.

Je conçois cependant que l'on manque parfois un peu d'imagination, au point de souhaiter consulter une liste toute faite pour pouvoir s'en inspirer.

Il faut donc mettre en garde ceux et celles qui penseraient pouvoir appliquer efficacement la « méthode » en la découvrant pour la première fois à travers les pages de ce livre. Ce serait aussi stupide que d'imaginer pouvoir être capable de conduire correctement une auto dans une ville comme Paris, après avoir appris dans le désert.

Les menus qui sont présentés dans ce chapitre correspondent tous à la phase I. Si l'on a bien compris la « méthode », on sait bien que des menus de phase II sont inutiles puisque ce sont les écarts qui les différencient de la phase I (voir p. 40).

Les menus correspondent cependant à un exemple de déjeuner et de dîner. Aucune précision n'a été donnée pour le petit déjeuner car la procédure en ce qui le concerne est à quelque chose près toujours la même.

Le petit déjeuner devrait être un repas à part entière, il est donc important de ne pas le négliger. C'est pourquoi il nous a paru intéressant d'en rappeler ici les principes. Vous trouverez les recettes des plats qui sont proposés dans les menus, signalés d'un *, dans la section recettes.

LE PETIT DÉJEUNER

A) Au réveil :

Prendre éventuellement des fruits (ce qui est fortement conseillé). Ajouter au besoin un jus de fruits frais (sans sucre) que l'on pressera à la dernière minute (citron, orange, pamplemousse) pour éviter toute déperdition vitaminique. Les jus de fruits en bouteille, même 100 % naturels, n'ont aucun intérêt nutritionnel.

Puis aller se préparer et attendre au moins vingt minutes avant de commencer le petit déjeuner proprement dit.

B) Choix des aliments :

★ **1re formule :** petit déjeuner protido-glucidique + fibres.

Option pain :

— pain riche en fibres (intégral [1] ou au son) ;
— wasa fibres, wasa avoine, wasa authentique.

Accompagné :

— de marmelade de fruits sans sucre [1] ;
— de fromage blanc à 0 % de MG ou de yaourt maigre.

Option céréales :

— céréales brutes sans sucre [1] (sauf corn flakes) ;
— Müesli sans sucre [1] ;
— flocons d'avoine [1].

Dans du lait écrémé chaud ou froid ;
— du fromage blanc à 0 % de MG ;
— un yaourt maigre.

★ **2e formule :** tous fruits

On peut ne manger que des fruits au petit déjeuner.

Cette option apporte de bons glucides, des fibres, des sels minéraux et des vitamines. En revanche, elle n'apporte pas de protéines : l'idéal serait donc d'ajouter au moins un laitage écrémé.

---

(1) Demander la liste des fournisseurs à Fromentel BP 131 93352 Le Bourget Cédex. Tél. : 48 37 18 97.

Elle n'inclut pas non plus de dérivé céréalier, élément que l'on n'aura peut-être pas l'occasion de prendre à un autre moment de la journée.

* **3e formule :** petit déjeuner salé ou protido-lipidique

Il sera composé de jambon, de bacon, d'œufs et de fromage. On le mangera sans pain.

Il n'apporte malheureusement ni glucides ni fibres, et il est riche en graisses saturées, susceptibles de faire augmenter le taux de cholestérol sanguin si le sujet y est prédisposé.

Il est par conséquent à éviter chez toute personne souffrant d'une maladie cardio-vasculaire ou d'un diabète. Il doit de toute façon rester exceptionnel (par exemple occasionnellement à l'hôtel).

Les boissons :

— café, de préférence décaféiné ;
— thé ;
— lait écrémé ;
— chicorée ;
— lait de soja ;
— évitez le chocolat en phase I.

LES EN-CAS ET LE GOÛTER

Si le petit déjeuner et les deux repas principaux sont bien conçus, les fringales soudaines n'ont aucune raison d'apparaître, et l'on doit pouvoir attendre normalement le repas suivant, sans être obligé de manger quelque chose entre-temps.

Rien ne justifie donc le casse-croûte de 10 heures ou le goûter chez l'adulte, sauf en cas de pratique d'un sport d'endurance. Au cas où l'on devrait faire une exception, la recommandation est de consommer plutôt un fruit frais, notamment une pomme.

Quoi qu'il en soit, il conviendra de ne jamais confondre goûter et grignotage.

LE DÎNER

C'est le repas qui devrait être le plus léger et qui malheureusement, pour des raisons sociales, est souvent le plus plantureux de la journée.

Les candidats à l'amaigrissement devraient savoir que ce sont les graisses du dîner qui sont les plus facilement stockables. Le processus d'absorption est en effet particulièrement actif pendant la nuit (chronobiologie). On a remarqué que la même quantité de graisse (quelle qu'en soit la nature), répartie différemment sur la première partie de la journée, a moins de chance d'être absorbée et de se transformer en graisse de réserve.

Il faut savoir par ailleurs que les protéines et les lipides suivent un processus digestif plus long, ce qui peut contribuer à perturber la qualité du sommeil et conduire éventuellement à une moins bonne récupération.

C'est pourquoi je conseillerais plutôt de faire chez soi des repas protido-glucidiques avec fibres qui pourraient comprendre, au choix, les aliments suivants :

Entrée :

— soupe de légumes (en évitant les pommes de terre et les carottes) ;
— salades diverses assaisonnées de yaourt à 0 % de MG et de citron ;
— artichauts ou légumes verts.

Plat principal :

— riz complet (avec coulis de tomates) ;
— pâtes intégrales (avec coulis de tomates et basilic) ;
— lentilles aux oignons ;
— haricots blancs ou rouges ;
— couscous intégral aux légumes (sans viande) ;
— légumes divers : choux-fleurs, poireaux...

Pour finir :

— une mousse de fruits (voir recettes de bavarois) ;
— un fruit rouge : fraises, framboises, mûres (sauf les cerises) ;
— un fromage blanc ou un yaourt maigre.

LES DESSERTS

En phase I, un dessert autre que du fromage, tel que des fruits rouges ou des mousses de fruits peut être l'occasion d'un écart, par exemple le dimanche. Dans ce cas, il faudra choisir votre dessert dans la classification « desserts à très faible écart » (cf. p. 249).

PROPOSITION DE MENUS

1er MOIS. — Semaine n° 1

	LUNDI	MARDI	MERCREDI	JEUDI	VENDREDI	SAMEDI	DIMANCHE
DÉJEUNER	Salade de chou rouge	Maquereaux au vin blanc	Concombre au yaourt et menthe *	Asperges vinaigrette	Œufs mimosa *	Salade de moules *	Salade de soja aux langoustines *
	Omelette au thon *	Escalope de dinde	Rosbif	Cabillaud gratiné	Poulet rôti	Côtes d'agneau à la menthe *	Rougets à la provençale *
	——	Choux de Bruxelles	Flan de légumes à la provençale *	Courgettes	Endives braisées	Salsifis	——
	Salade	Salade	——	——	——	Salade	——
	Fromage	Yaourt	Fromage	Fromage	Fromage	Fromage	Mousse au fromage blanc et fruits rouges *
DÎNER	Radis-sel	Salade de tomates	Velouté de champignons	Potage de légumes	Caviar d'aubergines *	Artichauts au fromage blanc *	Velouté de brocolis *
	Tagliatelles intégrales (sauce aux champignons et au fromage blanc 0 %)	Jambon de pays	Haricots secs, (sauce au fromage blanc 0 % et persil)	Saumon grillé	Oignons farcis	Thon grillé au lard *	Lentilles aux oignons
	——	Navets persillés	——	Epinards (crème allégée)	——	Haricots verts	——
	Yaourt maigre •	Fromage blanc	Yaourt maigre •	Fromage blanc	Yaourt	Fromage blanc	Yaourt maigre •

• Éventuellement aromatisé à la marmelade de fruits sans sucre ajouté.

Note : l'astérisque renvoie aux plats dont les recettes sont proposées dans cet ouvrage.

1er MOIS. — Semaine n° 2

	LUNDI	MARDI	MERCREDI	JEUDI	VENDREDI	SAMEDI	DIMANCHE
DÉJEUNER	Salade de tomates	Cœurs de palmier	Sardines à l'huile d'olive	Poireaux vinaigrette	Salade d'endives	Salade grecque *	Œufs en couronne *
	Lapin persillade	Filet de colin citronné	Entrecôte	Sauté de dinde *	Filet de cabillaud	Calamars à la tomate et aux oignons	Tournedos grillé
	Céleris-raves braisés	Chou-fleur	Haricots verts	Épinards (crème allégée)	Choux	——	Fonds d'artichauts aux champignons *
	——	——	——	——	——	Salade	——
	Fromage	Fromage	Fromage	Fromage	Fromage	Fromage	Bavarois à la framboise *
DÎNER	Soupe aux moules *	——	Potage de légumes	Bouillon de légumes	——	Concombre au yaourt et menthe *	Salade au saucisson *
	Roussette	Riz intégral gratiné aux aubergines *	Blanc de poulet	Haricots secs (sauce au fromage blanc 0 %)	Omelette au fromage	Flan de légumes à la provençale *	Courgettes farcies au fromage blanc *
	Poêlée de champignons	Navets persillés	Salade	——	Frisée aux lardons	——	——
	Yaourt	Yaourt maigre •	Fromage blanc	Yaourt maigre •	Fromage blanc	Fromage blanc aux raisins secs	Yaourt

• Éventuellement aromatisé à la marmelade de fruits sans sucre ajouté.

1er MOIS. — Semaine n° 3

	LUNDI	MARDI	MERCREDI	JEUDI	VENDREDI	SAMEDI	DIMANCHE
DÉJEUNER	Radis-beurre Piperade * Brocolis — Fromage	Salade au crabe * Côtes de porc aux herbes Salsifis — Fromage	Chou-fleur vinaigrette Steak haché grillé Petits pois aux oignons — Fromage	Artichauts vinaigrette Maquereaux aux poireaux * — — Fromage	Salade de tomates Tranche de cœur Purée d'épinards Salade Fromage	Salade marine * Côtes de veau gratinées aux haricots verts * — Salade Fromage	Salade de gésiers Noix de St-Jacques sur lit de poireaux * — — Mousse au Grand Marnier *
DÎNER	Flan de fromage blanc 0 % * Purée de pois cassés * — Yaourt maigre •	Salade de soja Œufs coque Salade Fromage	Soupe à l'oseille Lentilles à la tomate * — Yaourt maigre •	Potage de légumes Blanc de poulet Endives braisées Fromage blanc	Salade du jardinier * Aubergines farcies (purée de champignons et fromage blanc) — Yaourt	Céleri branche en salade Darnes de saumon en papillotes à la menthe * — Fromage blanc	Crème de radis * Spaghetti intégral aux courgettes * — Fromage blanc 0 % •

• Éventuellement aromatisé à la marmelade de fruits sans sucre ajouté.

1er MOIS. — Semaine n° 4

	LUNDI	MARDI	MERCREDI	JEUDI	VENDREDI	SAMEDI	DIMANCHE
DÉJEUNER	Céleri rémoulade	Panaché de choux	Tomates au thon *	Salade d'endives	Salade de pissenlits aux lardons	Salade au magret de canard *	Œufs mimosa *
	Coquelet grillé	Raie aux câpres	Boudin noir grillé	Rôti de porc	Steack au poivre	Gambas sautées et ratatouille *	Épaule d'agneau au citron *
	Petits pois navets	Purée de haricots verts	Purée de chou-fleur	Gratin d'aubergines	Haricots verts	—	Mousseline de laitue à l'oseille *
	—	—	Salade	—	—	—	—
	Fromage	Fromage	Fromage	Fromage	Yaourt	Fromage	Soufflé au chocolat *
DÎNER	Potage de légumes	Bouillon de légumes	Cœurs de palmiers	Soupe au potiron	Velouté d'asperges	Concombre (sauce fromage blanc 0 % et ciboulette)	Salade de moules *
	Filet de merlan citronné au cresson	Purée de pois cassés *	Courgettes farcies au fromage blanc *	Riz intégral et riz sauvage au curry	Œufs cocotte en tomate *	Fèves aux artichauts *	Soufflé aux poireaux *
	—	—	—	—	Salade	—	—
	Yaourt	Fromage blanc 0 % •	Yaourt	Fromage blanc 0 % •	Fromage	Fromage blanc 0 % •	Fromage

• Éventuellement aromatisée à la marmelade de fruits sans sucre ajouté.

2ᵉ MOIS. — Semaine nº 1

	LUNDI	MARDI	MERCREDI	JEUDI	VENDREDI	SAMEDI	DIMANCHE
DÉJEUNER	Salade de mâche	Salade de tomates	Salade de chou blanc aux lardons *	Salade de concombre	Filet de truite fumée	Mousse de saumon *	Salade de soja aux langoustines *
	Escalope de dinde	Flans de turbot au coulis de cresson *	Poulet grillé	Lapin aux choux *	Magret de canard	Gratin de langue de bœuf *	Sole normande *
	Courgettes braisées	Chou-fleur	Salsifis	—	Céleris sautés à la graisse d'oie *	Aubergines braisées	Champignons persillés
	Fromage	Fromage	Fromage	Fromage	Fromage	Fromage	Œufs à la neige *
DÎNER	Velouté de champignons	Bouillon de légumes	Potage de légumes	Salade de cœurs d'artichauts	Salade de haricots verts (filet de citron)	Jambon blanc	Velouté de cresson
	Haricots secs (sauce fromage blanc 0 %)	Gratin d'asperges au jambon (sans béchamel avec crème allégée)	Lentilles aux oignons	Œufs mollets Purée d'épinards	Spaghetti intégral aux courgettes *	Tomates au four persillées	Semoule intégrale aux légumes (sans viande ni matière grasse)
	—	—	—	—	—	Salade	—
	Yaourt maigre •	Fromage blanc	Yaourt maigre •	Fromage blanc	Yaourt maigre •	Yaourt	Fromage blanc 0 % •

• Éventuellement aromatisé à la marmelade de fruits sans sucre ajouté.

2e MOIS. — Semaine n° 2

	LUNDI	MARDI	MERCREDI	JEUDI	VENDREDI	SAMEDI	DIMANCHE
DÉJEUNER	Salade d'endives	Salade du jardinier *	Salade marine *	Céleri rémoulade	Salade de haricots verts	Aspic d'œufs *	Salade au foie gras *
	Gigot d'agneau	Thon grillé au lard *	Steack tartare	Côte de porc	Rognons grillés	Filets de saumon en papillotes et purée de poivrons *	Tagine de veau aux fonds d'artichauts *
	Haricots verts persillés	Purée de céleris	—	Purée d'épinards	Chou-fleur	—	—
	—	Salade	Salade	—	—	—	Salade
	Fromage	Fromage	Fromage	Fromage	Fromage	Fromage	Bavarois aux framboises *
DÎNER	Soupe à la tomate	Potage de légumes	Cœurs de palmier	Soupe aux moules *	Bouillon de légumes	Bouillon de légumes	Velouté de tomates
	Œufs sur le plat	Fèves aux artichauts *	Soufflé au poisson *	Tomates farcies aux champignons *	Jambon de pays	Tagliatelles intégrales à la purée de champignons	Courgettes farcies au fromage blanc 0 % *
	Laitue braisée	—	Brocolis aux amandes effilées *	—	Endives braisées	—	—
	Yaourt	Fromage blanc 0 % •	Yaourt	Fromage blanc	Yaourt	Fromage blanc 0 % •	Yaourt maigre

• Éventuellement aromatisé à la marmelade de fruits sans sucre ajouté.

2ᵉ MOIS. — Semaine n° 3

	LUNDI	MARDI	MERCREDI	JEUDI	VENDREDI	SAMEDI	DIMANCHE
DÉJEUNER	—	Salade de surimi	Salade de germes de soja	Champignons à la Grecque	Salade orientale *	Pain de poisson *	Œufs mimosa *
	Œufs au miroir d'anchois *	Poulet rôti	Brochettes de cœur *	Sole normande *	Sauté de dinde *	Filet de canard sauce poivre vert *	Rosbif
	Gratin d'épinards	Salsifis	Gratin de fenouil	Purée de haricots verts	Purée de poivrons	Soufflé aux poireaux *	Laitue braisée
	Salade	Salade	—	—	Salade	Salade	—
	Fromage	Fromage	Fromage	Fromage	Fromage	Fromage	Gratin de fruits rouges *
DÎNER	—	Salade de chou blanc aux lardons *	Velouté de champignons	—	Flan d'ail au fromage blanc *	—	Potage glacé aux concombres *
	Filet de colin en papillote	Endives au jambon (sans béchamel avec crème allégée et œufs)	Riz intégral gratiné aux aubergines *	Pot-au-feu *	—	Haddock sauce yaourt *	Pois chiches à la tomate
	Purée de cresson	—	—	Poireaux, navets, chou	Céleris panés au parmesan *	Gratin de courgettes	—
	Yaourt	Fromage blanc	Yaourt maigre •	Fromage blanc	Yaourt	Fromage blanc	Yaourt maigre •

• Éventuellement aromatisé à la marmelade de fruits sans sucre ajouté.

2e MOIS. — Semaine n° 4

	LUNDI	MARDI	MERCREDI	JEUDI	VENDREDI	SAMEDI	DIMANCHE
DÉJEUNER	Chou-fleur vinaigrette Carpaccio de bœuf * Asperges — Fromage	Salade au paprika * Filets de sole à la purée d'aubergines * Salade Fromage	Sardines en salade * Entrecôte au roquefort Choux de Bruxelles — Fromage	Salade de concombre Rôti de porc Céleri-rave braisé — Fromage	Poireaux vinaigrette Escalope de dinde Haricots verts — Fromage	Bavarois d'asperges * Mouclade au curry * Salade d'épinards — Fromage	Mousse de parme aux poireaux * Ballotins de lièvre * Petits pois navets Salade Bavarois de mangue au coulis de kiwis *
DÎNER	Soupe à l'oseille Omelette aux champignons Salade Fromage	Salade de tomates (filet de citron) Semoule intégrale aux légumes (sans matière grasse) — Yaourt maigre •	Salade de concombre Blanc de poulet Endives braisées Fromage blanc	Radis-beurre Haricots rouges aux oignons (sauce aux champignons persillés et au fromage blanc 0 %) Salade Yaourt maigre •	Aspic d'œufs * Filet de colin en papillote Salade Fromage blanc	Soupe aux légumes Purée de pois cassés * — Yaourt maigre •	Soufflé au fromage de chèvre * Chou farci — Fromage blanc

• Éventuellement aromatisé à la marmelade de fruits sans sucre ajouté.

3ᵉ MOIS. — Semaine nº 1

	LUNDI	MARDI	MERCREDI	JEUDI	VENDREDI	SAMEDI	DIMANCHE
DÉJEUNER	Artichauts au fromage blanc *	Maquereaux au vin blanc	Salade de concombre	Radis-beurre	Aspic d'œufs *	Palourdes gratinées aux épinards *	Soufflé au fromage de chèvre *
	Lapin niçois *	Côtelettes d'agneau	Filet de porc	Rougets à la provençale *	Tournedos aux champignons *	Coquelets aux citrons verts *	Poulet basquaise *
	—	Endives et laitue braisées	Gratin de salsifis	—	—	Mousseline de laitue à l'oseille *	—
	—	Salade	—	Salade	Salade	—	—
	Fromage	Fromage	Fromage	Fromage	Fromage	Fromage	Fraises à la crème chantilly Nata *
DÎNER	Bouillon de légumes	Salade de mâches et de tomates	Potage de légumes	Crème de chou-fleur	Crudités (filet de citron)	—	Velouté de brocolis *
	Semoule intégrale aux légumes (sans matière grasse)	Poireaux au jambon (sans béchamel avec crème allégée et œufs)	Gratin de citrouille (sauce au fromage blanc)	Soufflé de poisson cressonnière *	Lentilles aux oignons	Soles panées au parmesan * Haricots verts	Omelette au thon *
	—	—	—	Salade	—	Salade	Frisée
	Fromage blanc 0 % •	Fromage blanc	Yaourt •	Fromage blanc	Yaourt maigre •	Fromage blanc	Yaourt

• Éventuellement aromatisé à la marmelade de fruits sans sucre ajouté.

3e MOIS. — Semaine n° 2

	LUNDI	MARDI	MERCREDI	JEUDI	VENDREDI	SAMEDI	DIMANCHE
DÉJEUNER	Cœurs de palmier Escalope de veau Céleri au jus — Fromage	Salade du jardinier * Colin et coulis de tomates Laitue braisée Salade Fromage	Salade de chou aux lardons * Boudin noir grillé Haricots verts — Fromage	Thon en gelée * Omelette au jambon — Salade Fromage	Salade de germes de soja Filets de canard sauce poivre vert * Petits pois aux oignons — Fromage	Salade au foie gras * Epaule d'agneau au citron * Brocolis — Fromage	Terrine de truite au fenouil * Bœuf à la provençale * Aubergines — Bavarois à la rhubarbe et son coulis *
DÎNER	Gaspacho * Fèves aux artichauts * — Yaourt maigre •	Soupe de cresson Flans de foies de volailles * — Fromage blanc	Potage de légumes Filet de cabillaud Purée d'épinards — Yaourt	Soupe aux poireaux Tomates farcies aux champignons * — Fromage blanc	Concombre au yaourt 0 % et menthe * Spaghetti intégral aux courgettes * — Yaourt maigre •	Crème d'asperges Œufs cocotte en tomate * — Fromage blanc	— Soufflé aux poireaux * Salade Fromage blanc

• Éventuellement aromatisé à la marmelade de fruits sans sucre ajouté.

3e MOIS. — Semaine n° 3

	LUNDI	MARDI	MERCREDI	JEUDI	VENDREDI	SAMEDI	DIMANCHE
DÉJEUNER	Panaché de choux	Salade au crabe*	Maquereaux au vin blanc	Œufs mimosa*	Terrine de volaille*	Soufflé de poisson cressonnière*	Terrine d'épinards au saumon*
	Poulet rôti	Lapin aux olives vertes*	Veau basquaise*	Filets de merlan en papillotes	Truite à la tomme de Savoie*	Poule au pot	Soles panées au parmesan*
	Frites de céleris	Navets au jus	Courgettes	Purée d'aubergines	Fenouil braisé	—	Brocolis
	—	Salade	—	—	Salade	Salade	—
	Fromage	Fromage	Fromage	Fromage	Fromage	Fromage	Bavarois vanille et chocolat*
DÎNER	—	Salade de haricots verts	Concombre sauce yaourt maigre	Potage de légumes	Velouté de poireaux	Salade de pissenlits aux lardons	Soupe aux moules*
	Spaghetti intégral (coulis de tomates et basilic)	Gratin d'asperges au jambon (sans béchamel avec crème allégée et œufs)	Purée de pois cassés*	Rôti de porc froid	Fonds d'artichauts aux champignons*	Ballotins de sandre au chou*	Endives aux anchois
	—	—	—	Salade	—	—	Salade
	Yaourt maigre •	Fromage blanc	Fromage blanc 0 % •	Fromage blanc	Fromage blanc	Yaourt	Fromage

• Éventuellement aromatisé à la marmelade de fruits sans sucre ajouté.

3e MOIS. — Semaine n° 4

	LUNDI	MARDI	MERCREDI	JEUDI	VENDREDI	SAMEDI	DIMANCHE
DÉJEUNER	Salade de champignons	Œufs durs sauce curry	Tomates au thon *	Salade de concombres	Chou rouge vinaigrette	Mousse de parme aux poireaux *	Bavarois d'asperges *
	Steack haché grillé	Lieu gratiné	Papillotes de foie de veau *	Goulash aux trois viandes *	Rôti de veau	Sardines grillées	Canettes rôties et purée de cèpes *
	Haricots verts persillés	Courgettes	Mousseline de laitue à l'oseille *	Purée de navets	Brocolis	Purée de céleris	—
	—	Salade	—	Salade	—	—	—
	Fromage	Fromage	Fromage	Fromage	Fromage	Fromage	Mousse à l'abricot *
DÎNER	Soupe à l'oignon	Potage de légumes	Salade de chou-fleur	Bouillon de légumes	Soupe de poissons	—	Velouté de cresson
	Bœuf en soufflé *	Gratin de pois cassés à la tomate et aux oignons	Blanc de poulet Poivrons au four à l'huile d'olive	Artichauts gratinés *	Tomates farcies aux champignons *	Riz intégral gratiné aux aubergines *	Raie en salade *
	Salade	—	—	Frisée aux lardons	—	Salade (filet de citron)	—
	Yaourt	Fromage blanc 0 %	Yaourt	Fromage blanc	Fromage	Fromage blanc 0 % •	Fromage

• Éventuellement aromatisé à la marmelade de fruits sans sucre ajouté.

ALIMENTS DE SAISON

	POISSONS CRUSTACÉS	VIANDES VOLAILLES	LÉGUMES	FRUITS
Printemps (mars, avril, mai)	alose daurade goujon lieu limande raie rouget truite homard crabe maquereau	agneau veau pintade	salsifis asperge épinard oseille cresson batavia romaine pois laitue	rhubarbe fraise citron
Été (juin, juillet, août)	anguille bar daurade goujon hareng perche plie sandre sole thon maquereau écrevisse homard langoustine sardine	pintade veau lapin poule poulet canard pigeon	laitue artichaut bette concombre cornichon haricot vert tomate aubergine courgette	abricot groseille framboise fraise figue cerise prune pamplemousse pêche airelle
Automne (septembre, octobre, novembre)	carpe st-pierre moule cabillaud	chevreuil perdreau sanglier pigeon porc mouton lièvre	cardon céleri-rave céleri branche chou chou-fleur chou-rouge haricot blanc navet citrouille	cassis citron figue poire pomme prune raisin noisette châtaigne banane noix

	POISSONS CRUSTACÉS	VIANDES VOLAILLES	LÉGUMES	FRUITS
Hiver (décembre, janvier, février)	cabillaud carpe hareng lieu limande merlan morue saumon sole turbot huîtres moules œufs de poisson	bœuf mouton porc faisan chapon dinde poule	brocoli choux de Bruxelles endives mâche pissenlit	ananas banane châtaigne coings mandarine noix orange pamplemousse pomme

RECETTES PHASE I

Pour ceux qui suivent les principes nutritionnels de la « méthode MONTIGNAC », la phase I correspond à la mise en œuvre des règles de base de la rééducation alimentaire qui a été entreprise et que l'on souhaite poursuivre.

L'intention est de pouvoir ainsi mieux atteindre les objectifs que l'on s'est fixés et bien évidemment de les pérenniser :

— perte de poids ;
— prévention des risques cardio-vasculaires ;
— augmentation de la vitalité physique et intellectuelle ;
— suppression des troubles gastriques et digestifs ;
— suppression des coups de pompe et fatigues diverses ;
— amélioration de la qualité du sommeil.

Je ne saurais trop insister sur le fait que le seul suivi de ces recettes ne peut en aucun cas garantir des résultats définitifs si les principes de base de la méthode n'ont pas été compris et maîtrisés par ailleurs.

Il n'empêche que chacun pourra s'inspirer de ces recettes pour le plaisir gustatif, la facilité de réalisation et le contenu nutritionnel qu'elles procurent.

Certains pourraient croire qu'il n'y a pas de dessert qui puisse avoir sa place en phase I. Nous nous sommes cependant efforcés d'en concevoir quelques-uns, au risque de choquer les puristes. Il est en effet des situations dans la vie familiale où le dessert s'impose. Il faudra alors les choisir dans la sélection des desserts à très faible écart. L'écart qu'ils représentent est en effet si minime qu'il n'y a pas de raison de les exclure. Une bonne phase I ne pourrait néanmoins souffrir de les retrouver à tous les repas. En les intégrant une fois par semaine, le dimanche, comme le suggère les menus, on se fera plaisir sans prendre de risque.

LES ENTRÉES

Crème de radis

Pour 4 personnes

Préparation : 10 mn
Cuisson : 10 mn

Ingrédients :

2 bottes de radis avec leurs fanes
2 poireaux
10 cl de crème fraîche allégée
100 cl de bouillon de volaille
sel, poivre
2 cuil. à soupe d'huile d'olive

Laver les poireaux, les radis et leurs fanes. Les hacher finement et les faire revenir dans l'huile d'olive.

Ajouter le bouillon très chaud et faire cuire à feu vif pendant 5 mn. Mixer le tout en purée et passer au tamis.

Assaisonner de sel et de poivre. Refaire chauffer et ajouter la crème fraîche au moment de servir.

Velouté de brocolis

Pour 4 personnes

Préparation : 15 mn
Cuisson : 30 mn

Ingrédients :

500 g de brocolis
100 g de légumes
(poireaux, céleri en tiges)
1/4 l de crème fraîche allégée
1/4 l de bouillon de volaille
2 cuil. à soupe d'huile d'olive
3 cuil. à soupe de fines herbes
3 échalotes émincées
sel, poivre

Laver les brocolis et les détacher en bouquets. Les couper en morceaux après en avoir épluché la tige.

Laver les poireaux et le céleri, les couper en dés et les faire fondre à feu doux, à l'huile d'olive. Ajouter ensuite les échalotes.

Ajouter les brocolis, les fines herbes et le bouillon. Porter à ébullition jusqu'à cuisson de tous les légumes (25 mn).

Passer les légumes au mixeur en ajoutant la crème fraîche. Remettre à feu doux pendant 5 mn, saler, poivrer.

Servir chaud.

Potage glacé aux concombres

Pour 4 personnes

Préparation : 15 mn
Réfrigération : 1 h

Ingrédients :

2 concombres
4 à 6 cuil. à soupe de crème fleurette
1/2 gousse d'ail
2 échalotes
1 cuil. à soupe de vinaigre d'estragon
quelques brins d'aneth
sel, poivre

Éplucher les concombres et les couper dans le sens de la longueur. Les épépiner et les faire dégorger en les recouvrant de gros sel.

Éplucher l'ail et les échalotes. Essuyer les concombres avec du papier absorbant et les mixer avec l'ail, les échalotes, le vinaigre et la crème fleurette, de manière à obtenir un potage très fin.

Saler, poivrer et mettre 1 h au réfrigérateur. Présenter ce potage avec quelques brins d'aneth.

Soupe aux moules

Pour 4 personnes

Préparation : 20 mn
Cuisson : 15 mn

Ingrédients :

1 l de moules
4 cuil. à soupe d'huile d'olive
1 dl de vin blanc
100 g de crème fraîche allégée
1 jaune d'œuf
1 oignon émincé
1/2 gousse d'ail
1 filet de jus de citron
1 cuil. à soupe de persil haché
sel, poivre, curry

Nettoyer les moules et les laver dans plusieurs eaux. Faire blondir les oignons dans l'huile d'olive et mouiller avec le vin blanc.

Ajouter les moules pour les faire ouvrir et mettre un verre d'eau. Les décortiquer et passer le jus.

Porter ce jus à ébullition, y ajouter le jus de citron, le sel, le poivre, une pincée de curry, le persil et l'ail, puis laisser mijoter à feu doux pendant 8 mn.

Fouetter le jaune d'œuf avec la crème fraîche et l'ajouter à ce bouillon, ainsi que les moules décortiquées. Servir chaud.

Gaspacho

Pour 6 personnes

Préparation : 30 mn
Réfrigération : 3 h

Ingrédients :

1 kg de tomates
1 concombre
1 poivron vert et 1 rouge
1 bulbe de fenouil frais (cru)
1 branche de céleri
3 oignons
3 gousses d'ail
3 cuil. à soupe d'huile d'olive
2 cuil. à soupe de vinaigre
1/2 l d'eau ou de bouillon (de légumes) dégraissé
1 bac de glaçons
sel, poivre

Ébouillanter les tomates pendant 30 secondes, les peler et les épépiner. Éplucher le concombre. Conserver quelques rondelles de concombre et 1 oignon, les couper en petits dés et les réserver pour la décoration.

Passer tous les légumes au mixeur après les avoir coupés en morceaux. Ajouter l'eau ou le bouillon de légumes, l'huile d'olive et le vinaigre.

Assaisonner avec le sel, le poivre et laisser macérer pendant trois heures au frais.

Au moment de servir, ajouter les glaçons et parsemer le potage de petits dés de concombre et d'oignon.

Flan au fromage blanc

Pour 4 personnes

Préparation : 15 mn
Cuisson : 40 mn

Ingrédients :

200 g de fromage blanc à 20 % de matière grasse
10 cl de crème fraîche allégée
50 g d'olives noires dénoyautées
4 œufs
2 tomates
30 g de beurre
1 pincée d'origan, sel, poivre

Ébouillanter les tomates pendant 30 secondes, les peler et les épépiner. Les couper en morceaux, puis les saler avec du gros sel pour les faire dégorger (environ 30 mn) et les égoutter.

Mélanger le fromage blanc avec la crème fraîche. Ajouter les œufs battus en omelette. Assaisonner avec le sel, le poivre et l'origan.

Ajouter les olives en morceaux ainsi que les tomates, mélanger le tout et verser dans un moule à charlotte beurré. Faire cuire à four moyen (th. 4-5) à 150 °C pendant 40 mn.

Servir tiède ou froid, avec par exemple un coulis de tomates (voir page 77).

Soufflé au fromage de chèvre

Pour 6 personnes

Préparation : 15 mn
Cuisson : 20 mn

Ingrédients :

200 g de fromage blanc à 20 % de matière grasse
50 g de fromage de chèvre frais
4 jaunes d'œufs
huile d'olive (pour les ramequins)
sel et poivre

Mixer le fromage blanc avec le fromage de chèvre. Ajouter les jaunes ainsi que le sel et le poivre.

Battre les blancs en neige bien ferme et les mélanger progressivement au fromage. Huiler six ramequins et y répartir le mélange.

Préparer un bain-marie dans un grand plat rempli de 2 cm d'eau bouillante et y placer les ramequins.

Enfourner à mi-hauteur, à 200 °C (th. 6), pendant 15 à 20 mn. Servir aussitôt cuit.

Mousse de jambon et son coulis de tomates

Pour 4 personnes

Préparation : 25 mn
Réfrigération : 12 h

Ingrédients :

320 g de jambon blanc
300 g de fromage blanc à 20 % de matière grasse
4 blancs d'œufs
3 feuilles de gélatine
20 ml de madère ou de porto
4 tomates moyennes
sel, poivre, persil haché

Mixer le jambon, ajouter le fromage blanc et battre jusqu'à obtenir un mélange homogène. Assaisonner avec le sel, le poivre et le persil haché. Monter les blancs d'œufs en neige bien ferme et les incorporer au mélange.

Porter à ébullition le porto ou le madère et y ajouter les feuilles de gélatine préalablement ramollies dans de l'eau froide et essorées. Mélanger ensuite ce liquide à la préparation et verser le tout dans un moule à charlotte.

Laisser prendre 12 h au réfrigérateur. Préparer un coulis de tomates suivant la recette page 77.

Au moment de servir, démouler la mousse et verser le coulis tout autour.

Bavarois d'asperges

Pour 4 personnes

Préparation : 15 mn
Cuisson : 20 mn
Réfrigération : 2 h

Ingrédients :

1 kg d'asperges
30 cl de lait demi-écrémé
6 feuilles de gélatine
2 blancs d'œufs
1 cuil. à soupe de crème fraîche allégée

Laver et peler les asperges, les couper en petits morceaux et réserver quelques pointes pour le décor, que vous ferez cuire à l'eau salée. Faire cuire les autres morceaux d'asperges dans le lait pendant 20 mn et mixer le tout.

Y ajouter la gélatine préalablement ramollie dans de l'eau froide et essorée, ainsi que la crème fraîche allégée. Saler, poivrer et laisser refroidir quelques minutes.

Incorporer ensuite les blancs battus en neige très ferme. Mouiller les parois de quatre ramequins. Verser le mélange dans chacun d'eux et laisser prendre au réfrigérateur pendant 2 h.

Démouler dans l'assiette avant de servir et décorer avec les pointes d'asperges.

Suggestions :

Chaque bavarois peut être présenté au milieu de l'assiette, décoré de quelques asperges entières et assaisonné avec une cuillère à café de sauce vinaigrette. Cette sauce peut être préparée avec du vinaigre balsamique (ou de Xérès) et de l'huile d'olive.

Flan d'ail au fromage blanc

Pour 4 personnes

Préparation : 10 mn
Cuisson : 40 mn

Ingrédients :

200 g d'ail
150 g de fromage blanc à 20 % de matière grasse
100 g de champignons de Paris en boîte
4 œufs
10 g de beurre
sel, poivre

Peler les gousses d'ail, en ôter le germe et les faire cuire à la vapeur, ou dans très peu d'eau pendant 20 mn. Mixer l'ail et les champignons pour obtenir une purée.

Ajouter le fromage blanc, saler et poivrer. Mélanger jusqu'à obtenir une crème onctueuse. Ajouter ensuite les œufs battus et une pointe de sel.

Mouler dans des ramequins préalablement beurrés. Faire cuire au bain-marie pendant 20 mn (le dessus doit être ferme à la pression du doigt).

Servir tiède avec un coulis de tomates au basilic (voir page 77).

Bavarois de fromage blanc aux concombres et son coulis

Pour 6 personnes

Préparation : 30 mn
Cuisson : 5 mn
Réfrigération : 3 h

Ingrédients :

500 g de fromage blanc à 20 % de matière grasse
2 dl de lait
3 feuilles de gélatine
400 g de concombre et
1/2 concombre pour le coulis
200 g de tomates
10 feuilles de menthe fraîche
sel, poivre

Laver, peler et épépiner les tomates après les avoir ébouillantées pendant 30 secondes. Éplucher les concombres et faire dégorger ces légumes pendant 1 h, en les arrosant de gros sel. Mélanger le fromage blanc, le sel, le poivre et la menthe fraîche hachée.

Faire chauffer le lait et y plonger les feuilles de gélatine préalablement ramollies dans de l'eau froide et essorées. Mélanger doucement ce lait avec le fromage blanc.

Rincer et égoutter le concombre et les tomates. Les couper en petits morceaux et les ajouter au fromage blanc. Mettre ce mélange dans un moule à cake et faire prendre 3 h au réfrigérateur.

Faire un coulis avec le 1/2 concombre et les feuilles de menthe mixées. Saler et poivrer.

Démouler le cake au moment de servir et verser le coulis dessus.

Suggestions :

On pourra remplacer la menthe par du basilic et le coulis de concombre par un coulis de tomates au basilic.

Pain de surimi

Pour 6 personnes

Préparation : 30 mn
Cuisson : 3 mn
Réfrigération : 12 h

Ingrédients :

400 g de surimi en bâtonnets surgelés
2 avocats
4 œufs durs
4 cuil. à soupe de crème fraîche épaisse allégée
4 cuil. à soupe de cerfeuil haché
1 boîte de miettes de crabe
4 feuilles de gélatine
1 jus de citron
1 cuil. à café d'huile d'olive
sel, poivre

Faire décongeler les bâtonnets de surimi au réfrigérateur. Éplucher les avocats et en retirer le noyau. Mixer leur chair avec 2 cuil. à soupe de crème fraîche. Assaisonner avec le jus de citron, le sel, le poivre et le cerfeuil.

Huiler un moule à cake et tapisser le fond et les bords avec les bâtonnets de surimi. En réserver quelques-uns pour le dessus. Hacher le reste du surimi et couper les œufs durs en morceaux.

Faire chauffer le reste de la crème fraîche et y ajouter les feuilles de gélatine préalablement ramollies dans de l'eau froide et essorées.

Mélanger le hachis de surimi avec les œufs durs en morceaux et y ajouter la moitié de la crème fraîche chaude. Laisser tiédir.

Égoutter les miettes de crabe, y ajouter le reste de la crème fraîche chaude. Remuer et laisser tiédir. Verser successivement dans un moule, une couche de farce au surimi, une couche de farce à l'avocat, une couche de farce au crabe, une couche de farce à l'avocat et enfin une couche de farce au surimi.

Recouvrir avec le restant de bâtonnets de surimi et mettre au réfrigérateur pendant 12 h.

Terrine de volaille

Pour 8 personnes

Préparation : 20 mn
Cuisson : 2 h

Ingrédients :

500 g de volaille (blanc de poulet, lapin ou dinde)
200 g de porc
100 g de jambon blanc
2 œufs
1 oignon
5 échalotes
1 verre de cognac
thym, persil
sel, poivre

Faire cuire la volaille et le porc à la vapeur. Les mixer avec le jambon, l'oignon et les échalotes de manière à obtenir une farce.

Assaisonner avec le persil et le thym. Ajouter le verre de cognac et les œufs battus en omelette, mélanger, saler et poivrer.

Déposer cette préparation dans une terrine et faire cuire au bain-marie, au four (th. 6) à 200 ° C pendant 2 h.

Laisser refroidir et démouler.

Terrine de foies de volailles

Pour 8 personnes

Préparation : 20 mn
Cuisson : 2 h

Ingrédients :

750 g de foies de volailles
500 g de chair à saucisses
4 échalotes
2 gousses d'ail
1 petit bouquet de cerfeuil
quelques feuilles d'estragon
3 œufs
1 verre à liqueur d'armagnac
quelques bardes de lard
sel, poivre

Hacher les foies de volailles et les mélanger à la chair à saucisses. Éplucher l'ail, les échalotes et les hacher finement avec le bouquet de cerfeuil et les feuilles d'estragon.

Ajouter ce hachis à la farce précédente et assaisonner de sel et de poivre. Ajouter les œufs battus en omelette et l'armagnac. Mélanger le tout de manière à obtenir une préparation bien homogène.

Chemiser le fond et les parois d'une terrine avec les bardes de lard, puis verser la préparation en tassant bien. Décorer le dessus avec des morceaux de barde de lard et quelques feuilles d'estragon.

Refermer la terrine avec son couvercle et mettre à four chaud, 220 °C (th. 7), pendant 2 h.

Laisser complètement refroidir avant de servir.

Mousse de parme aux poireaux

Pour 6 personnes

Préparation : 20 mn
Cuisson : 40 mn

Ingrédients :

2 kg de blancs de poireaux
200 g de très fines tranches de jambon de Parme
1 botte de ciboulette
30 g de beurre
2 œufs
100 g de fromage râpé
sel, poivre
10 cl de crème allégée

Laver les poireaux, les faire blanchir pendant 10 mn dans de l'eau bouillante et salée puis les égoutter.

Mixer le jambon de Parme, y ajouter les œufs battus en omelette, la crème allégée et le fromage râpé. Assaisonner avec le sel, le poivre et la ciboulette hachée.

Dans un moule à cake, verser une couche de la préparation et disposer ensuite une couche de poireaux. Recommencer l'opération jusqu'à ce que le moule soit rempli.

Faire cuire au four (th. 7) à 220 °C pendant 30 mn et servir en tranches, chaud ou froid.

Suggestions :

Les verts de poireaux peuvent être utilisés pour la confection d'une soupe de légumes.

Terrine d'épinards au saumon

Pour 4 personnes

Préparation : 30 mn
Cuisson : 10 mn
Réfrigération : 2 à 3 h

Ingrédients :

200 g d'épinards
200 g de filet de saumon frais (sans peau)
200 g de crème fraîche liquide allégée
2 cuil. à soupe d'huile d'olive
3 feuilles de gélatine
20 cl de crème fraîche allégée pour la sauce d'accompagnement
2 citrons verts
sel, poivre

Laver les épinards, en ôter les tiges, hacher finement les feuilles et faire cuire à feu doux dans l'huile d'olive. Mixer très finement le saumon cru avec les épinards cuits.

Fouetter la crème liquide pour obtenir une Chantilly. Prendre 2 cuil. à soupe de cette Chantilly et la faire chauffer dans une casserole à feu doux. Y ajouter la gélatine préalablement ramollie dans de l'eau froide et essorée.

Ajouter le liquide obtenu à la purée d'épinards et de saumon. Ajouter ensuite la crème Chantilly et assaisonner.

Prendre un moule à bords bas, le chemiser avec une feuille de papier aluminium, y verser la préparation et couvrir de façon étanche avec une autre feuille de papier aluminium. Faire prendre 2 à 3 h au réfrigérateur.

Servir la terrine coupée en tranches, accompagnée de crème allégée et décorée de rondelles de citron vert.

Concombre en sorbet et coulis de tomates

Pour 4 personnes

Préparation : 10 mn
Réfrigération : 3 h 30 mn

Ingrédients :

1 concombre
2 yaourts au lait entier
8 feuilles de menthe fraîche
2 tomates bien fermes
1 jus de citron
sel

Éplucher le concombre, le couper en deux dans le sens de la longueur, le faire dégorger avec du gros sel et l'épépiner. Mixer la chair avec les feuilles de menthe fraîche, les yaourts et le sel.

Mouler cette préparation dans des bacs à glaçons et laisser prendre 3 h au freezer.

Ébouillanter les tomates pendant 30 secondes, les peler et les épépiner. En laisser égoutter la chair, puis la mixer avec le jus de citron pour obtenir un coulis de tomates. Saler.

Mixer les glaçons en paillettes fines. Tasser ces paillettes dans un moule et laisser au freezer encore 30 mn.

Faire des boules de sorbet avec une cuillère prévue à cet effet, et servir avec le coulis de tomates.

Concombre au yaourt et menthe

Pour 6 personnes

Préparation : 30 mn

Ingrédients :

3 concombres
3 yaourts natures
1 cuil. à café de fenouil frais haché
3 cuil. à soupe d'huile d'olive
1 cuil. à café de menthe fraîche hachée
1 cuil. à café de sel
2 cuil. à soupe de vinaigre de vin
2 gousses d'ail

Éplucher les concombres, les couper en deux, les épépiner et les découper en petits morceaux. Les faire dégorger avec du gros sel pendant 15 mn.

Dans un bol, mélanger le vinaigre et l'ail écrasé, laisser macérer 10 mn. Mélanger ensuite, dans un autre bol, le yaourt, l'huile d'olive et le fenouil.

Passer le vinaigre dans une passoire fine et l'ajouter au mélange précédent. Rincer les concombres et les essuyer après les avoir bien égouttés.

Servir avec la sauce en saupoudrant de menthe hachée.

Artichauts au fromage blanc

Pour 6 personnes

Préparation : 40 mn
Cuisson : 20/25 mn

Ingrédients :

6 artichauts (ou fonds d'artichauts prêts à l'emploi)
125 g de roquefort
5 cuil. à soupe de fromage blanc à 20 % de matière grasse
1 citron
2 ou 3 cuil. à soupe de crème fraîche allégée
sel, poivre, noix de muscade

Éplucher les artichauts et n'en conserver que les fonds (laisser éventuellement le foin qui sera enlevé plus facilement après la cuisson).

Les citronner pour qu'ils restent blancs et les faire cuire dans de l'eau bouillante, salée et citronnée.

Surveiller la cuisson de manière à ce qu'ils restent fermes et les arrêter dès qu'une lame de couteau les traverse. Les égoutter une fois cuits et les laisser refroidir.

Écraser le roquefort, le mélanger avec le fromage blanc et la crème fraîche. Fouetter le tout pour le faire épaissir et assaisonner avec le poivre, la muscade et une pointe de sel.

Remplir les fonds d'artichauts et servir.

Tomates au thon

Pour 6 personnes

Préparation : 30 mn

Ingrédients :

6 tomates moyennes
1/2 boîte de thon au naturel
1 livre de petits pois frais
20 cl d'huile de tournesol et 1 cuil. à soupe d'huile d'olive
1 cuil. à café de moutarde de Dijon
2 gousses d'ail
1 jaune d'œuf
1 cuil. à soupe de persil haché
sel, poivre

Découper le chapeau des tomates, vider l'intérieur à l'aide d'une petite cuillère (conserver la chair), et les mettre à égoutter en les retournant.

Écosser les petits pois et les faire cuire dans de l'eau bouillante salée pendant 2 mn. Les laisser refroidir, hors de l'eau, après cuisson.

Préparer une mayonnaise :

Écraser trois gousses d'ail, ajouter le jaune d'œuf et la moutarde. Monter la mayonnaise en versant progressivement les 20 cl d'huile de tournesol, puis la cuil. à soupe d'huile d'olive. Saler et poivrer.

Égoutter le thon et l'émietter. Ajouter la mayonnaise, les petits pois et la chair égouttée des tomates.

Remplir les tomates de ce mélange, saupoudrer de persil haché et recouvrir du chapeau. Servir frais.

Caviar d'aubergines

Pour 6 personnes

Préparation : 25 mn
Cuisson : 1 h

Ingrédients :

4 aubergines
2 tomates
4 cuil. à soupe d'huile d'olive
1 bouquet garni (persil, thym, laurier)
1 gousse d'ail
2 échalotes
sel, poivre

Couper les aubergines en deux et inciser légèrement l'intérieur au couteau après les avoir lavées et essuyées.

Les disposer dans un plat à gratin, saler, poivrer, recouvrir d'un filet d'huile d'olive et les faire cuire à four chaud, à 200 °C (th. 6), pendant 30 minutes. Quand elles sont cuites, les sortir du four et racler l'intérieur pour récupérer le caviar (chair et pépins).

Plonger les tomates dans de l'eau bouillante pendant 30 secondes, les peler et les épépiner.

Faire revenir l'ail et les échalotes hachées dans une casserole avec 1 cuil. à soupe d'huile d'olive. Ajouter ensuite les tomates coupées en morceaux, le bouquet garni et laisser mijoter pendant 10 mn. Ôter le bouquet garni.

Assaisonner de sel et de poivre, puis ajouter le caviar d'aubergines et laisser cuire encore pendant 30 mn à feu doux.

Mouliner le tout de manière à obtenir une purée et laisser refroidir. Servir cette préparation très fraîche.

Salade du jardinier

Pour 6 personnes

Préparation : 1 h
Cuisson : 25 mn
Réfrigération : 20 à 30 mn

Ingrédients :

1 kg d'asperges courtes (blanches ou vertes)
250 g de haricots verts
1/2 chou-fleur cru
1 concombre
1 botte de radis
1 laitue
1 oignon moyen
1 bouquet de cerfeuil
2 branches d'estragon
1 botte de cresson

vinaigrette :
4 cuil. à soupe d'huile d'olive,
1 cuil. à soupe de vinaigre,
sel, poivre

Faire cuire les haricots verts de manière à ce qu'ils restent légèrement fermes (environ 12 mn) et les couper en morceaux de quelques centimètres. Faire de même pour les asperges après les avoir épluchées.

Laver sans l'éplucher le concombre et le couper en rondelles fines. Séparer le chou-fleur en bouquets et le blanchir 2 mn à l'eau bouillante.

Faire une vinaigrette et y ajouter un hachis de cerfeuil, d'estragon, de feuilles de cresson et d'oignon.

Laver la laitue et couper le cœur en lanières. Couper également la moitié des radis en rondelles. Mélanger tous les légumes avec la vinaigrette et laisser macérer 20 à 30 mn au réfrigérateur.

Décorer avec l'autre moitié des radis et servir.

Salade au saucisson

Pour 6 personnes

Préparation : 20 mn
Cuisson : 25 mn

Ingrédients :

1 belle chicorée frisée
300 g de poitrine demi-sel
1 saucisson de Lyon (200 g)
huile d'olive
vinaigre de vin
sel, poivre

Faire cuire le saucisson dans de l'eau salée pendant 20 mn à feu doux. Laver et essorer la salade.

Faire blanchir le lard pendant 5 mn dans de l'eau bouillante, l'égoutter sur du papier absorbant et le couper en petits morceaux. Faire revenir ces lardons à la poêle.

Préparer une vinaigrette et la mélanger avec la salade. Déposer le saucisson découpé en rondelles par-dessus, ainsi que les lardons.

Servir sans attendre.

Salade paprika

Pour 6 personnes

Préparation : 20 mn
Cuisson : 3 mn

Ingrédients :

1 belle laitue
6 tomates
3 œufs durs
200 g de thon au naturel en boîte
200 g de crevettes décortiquées surgelées
400 g de champignons de Paris, frais
1 jus de citron

vinaigrette :

3 à 4 cuil. à soupe d'huile d'olive, 1 à 2 cuil. à soupe de vinaigre de vin, 1 cuil. à soupe de paprika, moutarde, sel, poivre

Couper le bout terreux des champignons. Bien laver les champignons en les passant sous l'eau fraîche et les égoutter. Les couper en lamelles dans une assiette creuse et les arroser de jus de citron.

Plonger les crevettes surgelées dans de l'eau bouillante bien salée pendant 3 mn puis les rincer à l'eau fraîche.

Couper la salade en fines lamelles avec des ciseaux. Couper les tomates en rondelles et les œufs en quartiers. Égoutter le thon et l'émietter en petits morceaux. Disposer l'ensemble dans un saladier.

Faire une vinaigrette (huile d'olive, vinaigre, moutarde, sel et poivre) et y incorporer le paprika.

Servir la vinaigrette à part.

Salade de chou blanc aux lardons

Pour 8 personnes

Préparation : 30 mn
Cuisson : 5 mn

Ingrédients :

1 gros chou blanc
400 g de poitrine fumée
5 œufs durs
persil haché

vinaigrette :

huile d'olive
vinaigre, moutarde
sel, poivre

Passer le chou sous l'eau du robinet après avoir éliminé les feuilles superficielles. L'éponger avec un torchon ou un papier absorbant.

Le couper en deux ou en quatre. Puis, à l'aide d'un couteau bien tranchant, l'émincer finement.

Couper les œufs durs en deux et dégager le jaune. Faire un mimosa avec les jaunes en les passant dans une moulinette. Couper les blancs en petits cubes ou en fines lanières.

Découper le lard en fins lardons et supprimer les extrémités les plus grasses. Les faire revenir tout doucement dans une poêle anti-adhésive légèrement graissée avec un peu d'huile d'olive.

Faire une vinaigrette classique avec de l'huile d'olive, de la moutarde, du vinaigre, du sel et du poivre.

Dresser le plat ou les assiettes individuelles en disposant d'abord le chou. Parsemer les cubes de blancs d'œufs puis saupoudrer avec les jaunes en mimosa et le persil. Assaisonner de vinaigrette.

Ajouter les lardons chauds au dernier moment.

Salade orientale

Pour 4 personnes

Préparation : 20 mn

Ingrédients :

150 g de germes de soja
1/2 concombre
100 g de chou blanc
100 g de chou rouge

vinaigrette :

2 cuil. à soupe de vinaigre de vin
1 cuil. à soupe d'huile d'olive
1 cuil. à soupe de sauce de soja
(prête à l'emploi)
sel, poivre

Laver et égoutter les légumes. Couper les choux en lamelles fines à l'aide d'un couteau bien tranchant. Éplucher le concombre et le couper en petits dés.

Préparer une vinaigrette avec l'huile d'olive, le vinaigre, la sauce de soja, le sel et le poivre.

Mélanger les légumes avec la vinaigrette et servir frais.

Salade de soja aux langoustines

Pour 6 à 8 personnes

Préparation : 45 mn
Cuisson : 20 mn

Ingrédients :

0,5 kg de germes de soja
300 g de champignons de Paris, frais
250 g de petits pois surgelés
6 petites tomates
1 botte de radis
2 jus de citron
1 kg de langoustines (16 à 20 pièces)
100 g d'olives noires

vinaigrette :

huile d'olive
vinaigre de vin
1 oignon, 1 gousse d'ail
sel, poivre

Laver les germes de soja et les faire blanchir 3 mn dans de l'eau bouillante salée. Les rincer à l'eau froide et les laisser égoutter.

Faire cuire les langoustines pendant 5 mn dans de l'eau bouillante salée. Les rincer à l'eau froide aussitôt cuites et les décortiquer. En garder quelques-unes pour la décoration et émietter les autres.

Couper le bout terreux des champignons, laver les champignons à l'eau citronnée et les couper en fines lamelles.

Faire cuire les petits pois dans de l'eau bouillante salée. Préparer ensuite une vinaigrette avec 5 cuil. à soupe d'huile d'olive, 1 cuil. à soupe de vinaigre, l'oignon finement haché, l'ail écrasé, le sel et le poivre. Mélanger tous les légumes et les langoustines avec cette vinaigrette et laisser macérer 20 à 30 mn.

Avant de servir, décorer avec les langoustines réservées à cet effet, les radis préalablement lavés et équeutés, les tomates coupées en quartiers et les olives noires.

Salade grecque

Pour 4 personnes

Préparation : 15 mn

Ingrédients :

1 concombre
4 tomates
1 oignon blanc frais,
ou bien rouge et sec
2 petits poivrons verts
150 g de feta
24 olives noires
1 cuil. à soupe de persil haché
ou quelques feuilles de basilic

vinaigrette :

2 cuil. à soupe d'huile d'olive
2 cuil. à soupe de vinaigre de vin
sel, poivre

Laver les tomates et les couper en quartiers. Éplucher le concombre et le couper en rondelles moyennes. Faire de même pour l'oignon.

Enlever la queue des poivrons, les éplucher avec un économe puis les épépiner et les découper en morceaux.

Faire une vinaigrette avec l'huile d'olive, le vinaigre, le sel et le poivre. Mélanger les légumes avec cette vinaigrette et les répartir dans les assiettes.

Servir avec les tranches de feta ainsi que les olives noires et le persil haché, en décoration.

Salade marine

Pour 6 personnes

Préparation : 30 mn
Cuisson : 30 mn

Ingrédients :

500 g d'encornets
1 sachet de court-bouillon
1/2 l de moules
1/2 l de coques
1 verre de vin blanc sec
1 salade verte (scarole, frisée ou romaine)
3 tomates
1 jus de citron
huile d'olive
fines herbes hachées
sel, poivre

Choisir des encornets prêts à l'emploi. Les nettoyer et les couper en lanières. Les faire cuire 15 à 20 mn dans de l'eau bouillante avec la moitié du sachet de court-bouillon. Les égoutter et les essuyer.

Laver et faire ouvrir les coques dans une cocotte, à feu vif, avec le vin blanc. Les retirer de leur coquille, puis les égoutter (garder l'eau des coques).

Faire ouvrir les moules à feu vif et les décortiquer, puis préparer une sauce avec 2/3 d'eau des coques, 1/3 d'huile d'olive, le jus de citron, les fines herbes hachées, le sel et le poivre. Mélanger les coquillages à cette sauce et laisser macérer 20 à 30 mn.

Découper la salade en fines lamelles et la mettre au fond du saladier. Avant de servir, verser les coquillages dessus et garnir de quartiers de tomates.

Salade au magret de canard

Pour 2 personnes

Préparation : 25 mn
Cuisson : 30 mn

Ingrédients :

1 blanc de poireau
2 cuil. à soupe d'huile de tournesol
1 magret de canard
1 cuil. à soupe de vinaigre de framboise
12 cl de vin rouge
2 cuil. à soupe de framboises
noix de muscade
sel, poivre

Laver le blanc de poireau et le couper en fines lamelles. Le faire revenir dans l'huile de tournesol à feu vif et l'assaisonner avec le sel, le poivre et la noix de muscade râpée.

Faire cuire le magret de canard à la poêle, sur feu vif en commençant par le côté gras, jusqu'à ce qu'il soit bien croustillant. L'ôter de la poêle et le conserver à part.

Ajouter le vinaigre dans la poêle, après l'avoir dégraissée, et laisser mijoter quelques minutes. Ajouter ensuite le vin rouge et laisser encore réduire.

Répartir le poireau en couronne dans les assiettes, couper le magret en tranches fines et le disposer par-dessus.

Verser la sauce avant de servir et décorer avec les framboises fraîches.

Aspic d'œufs

Pour 6 personnes

Préparation : 30 mn
Cuisson : 3 à 4 mn
Réfrigération : 3 à 4 h

Ingrédients :

12 œufs
1/4 l de gelée (obtenue à partir d'un sachet prêt à l'emploi)
2 fines tranches de jambon blanc
vinaigre d'alcool blanc

Mettre 1 cm de gelée au fond de six ramequins avec quelques feuilles d'estragon. Faire prendre au réfrigérateur pour durcir la gelée.

Hacher grossièrement la ciboulette et couper le jambon en losanges. Faire cuire les œufs mollets (5 minutes) dans de l'eau vinaigrée et laisser refroidir.

Les déposer dans les moules avec un peu de ciboulette et recouvrir d'un morceau de jambon. Verser le reste de la gelée et laisser prendre au réfrigérateur environ 3 à 4 h.
Démouler sur un plat garni de salade avant de servir.

Œufs farcis mimosa

Pour 6 personnes

Préparation : 30 mn
Cuisson : 10 mn

Ingrédients :

12 œufs
150 g d'olives noires
1 petite boîte de filets d'anchois à l'huile
1 petite boîte de thon
2 cuil. à soupe de tapenade
1 cuil. à soupe de fines herbes hachées
huile d'olive, sel, poivre

Faire cuire les œufs à l'eau pendant 10 mn et les couper en deux dans le sens de la longueur. Retirer les jaunes et les passer à la moulinette ou les écraser avec une fourchette, (en conserver 2 cuil. à soupe pour la décoration).

Partager le jaune écrasé en trois portions :

— dans la première portion, mélanger le thon émietté, une pincée de fines herbes, le sel, le poivre et l'huile d'olive ;

— dans la seconde portion, mélanger les filets d'anchois mixés et assaisonner de fines herbes et de quelques gouttes d'huile de la boîte ;

— dans la dernière portion, mélanger la tapenade.

Partager ensuite l'ensemble des moitiés d'œufs en trois. Remplir les huit premiers avec la préparation au thon, les huit suivants avec la préparation aux anchois et les huit derniers avec la tapenade.

Saupoudrer avec les jaunes d'œufs et décorer avec des olives noires.

Œufs en couronne

Pour 6 personnes

Préparation : 10 mn
Cuisson : 10 mn

Ingrédients :

12 œufs
10 g de beurre pour le moule

300 g de salade composée :

jambon de parme, gruyère, céleri-rave ou haricots verts, calamars surgelés, poivrons, tomates et vinaigrette.

Prendre un moule à savarin (20/22 cm) et le beurrer. Préparer un bain-marie et poser le moule à l'intérieur (l'eau doit arriver à mi-hauteur).

Casser les œufs un par un dans le moule et assaisonner de sel et de poivre. Faire cuire au four à 200 °C (th 6) pendant 10 mn (le jaune doit rester moelleux).

Laisser refroidir, décoller de la paroi à l'aide d'une lame de couteau et démouler sur un plat. Préparer la salade composée :

— couper le jambon et les poivrons en lanières, le gruyère en cubes, le céleri ou les haricots verts en bâtonnets fins et les tomates en quartiers ;

— prendre les calamars, les couper en lanières et les faire suer à l'huile d'olive avec des échalotes pendant 2 à 3 minutes. Les ajouter au mélange précédent.

Assaisonner cette salade et la disposer au centre de la couronne. Servir.

Soufflé de poisson cressonnière

Pour 6 personnes

Préparation : 20 mn
Cuisson : 25 mn

Ingrédients :

200 g de filets de poisson blanc
4 œufs
6 cuil. à soupe de crème fraîche
25 g de beurre
2 cuil. à café de jus de citron
2 cuil. à soupe de persil frais, haché

une sauce faite avec :

1 botte de cresson
6 cuil. à soupe de vin blanc
2 cuil. à soupe de crème fouettée
sel, poivre
2 échalotes

Nettoyer les filets de poisson, les passer sous l'eau froide et les éponger avec du papier absorbant. Mixer ces filets et ajouter les jaunes d'œufs ainsi que la crème fraîche. Assaisonner avec le jus de citron, le persil, le sel et le poivre.

Monter les blancs en neige et les mélanger délicatement à la préparation précédente, de manière à ne pas les faire retomber.

Beurrer des moules individuels à bord droit, et y déposer le mélange. Faire cuire au four à 180 ° C (th. 5)pendant 20 mn puis à 200 °C (th. 6) pendant 5 mn.

Pendant ce temps préparer la sauce :

Faire réduire le cresson et l'échalote à feu vif pendant quelques minutes avec le vin blanc. Les mixer et remettre à épaissir à feu doux.

Passer cette préparation au tamis pour obtenir une sauce fine, ajouter la crème fouettée et assaisonner avec le sel et le poivre.

Servir les soufflés sur des assiettes et les accompagner de sauce.

Purée de thon aux olives

Pour 4 personnes

Préparation : 10 mn

Ingrédients :

200 g de thon au naturel
100 g d'olives noires dénoyautées
50 g de câpres
1 cuil. à soupe de crème fraîche allégée
2 jaunes d'œufs
1 gousse d'ail
huile d'olive
sel, poivre, piment de Cayenne

Égoutter le thon. Éplucher l'ail et passer le thon, les olives dénoyautées, les câpres, les jaunes d'œufs, l'ail et la crème fraîche au mixeur.

Rajouter de l'huile d'olive jusqu'à obtenir une pâte. Goûter, saler si nécessaire, poivrer, et pimenter.

Mettre au frais.

Suggestions :

Peut être tartiné sur des feuilles d'endive ou de céleri (cocktail) et peut être aussi utilisé pour garnir des petites tomates crues, des blancs d'œufs durs, des fonds d'artichauts cuits ou encore des champignons de Paris.

Thon en gelée

Pour 6 personnes

Préparation : 15 mn
Réfrigération : 6 h

Ingrédients :

600 g de thon au naturel, en boîte
2 sachets de gelée en poudre
6 à 8 feuilles de laurier
1 bouquet de persil
1 bouquet de ciboulette
200 g de petits champignons de Paris, frais
2 fromages blancs (type fjord)
1 jus de citron
1 branche de fenouil frais
huile d'olive
sel, poivre

Préparer la gelée suivant le mode d'emploi et en verser un peu au fond d'un moule à savarin. Déposer les feuilles de laurier dessus et faire prendre au réfrigérateur.

Égoutter le thon et l'émietter. Le déposer dans le moule à savarin, sur les feuilles de laurier. Ajouter le persil et la ciboulette hachés, puis le reste de la gelée. Laisser prendre au réfrigérateur pendant 6 heures.

Couper le bout terreux des champignons de Paris. Laver les champignons et les assaisonner d'huile d'olive, de jus de citron, de sel et de poivre.

Préparer une sauce d'accompagnement à base de fromage blanc mélangé avec un jus de citron, du fenouil haché, du sel et du poivre.

Démouler la couronne sur un plat, déposer au centre les champignons et servir avec la sauce d'accompagnement.

Mousse de saumon

Pour 8-10 personnes

Préparation : 30 mn
Cuisson : 1 h 30 mn

Ingrédients :

1 kg de filets de saumon frais
1 kg de filets de lieu (ou colin)
4 blancs d'œufs
100 g de crème fraîche allégée
200 g de mayonnaise
1 poignée d'oseille
sel, poivre

Nettoyer les filets de lieu (ou de colin), les mixer et les assaisonner avec le sel et le poivre. Ajouter ensuite la crème fraîche.

Battre les blancs en neige bien ferme et les incorporer délicatement au mélange précédent.

Garnir un moule à cake de papier aluminium et disposer une couche de farce au lieu (ou au colin), puis le saumon découpé en filets, et recommencer l'opération jusqu'à ce que le moule soit rempli. Faire cuire à four moyen (th. 4-5), à 150 °C, dans un bain-marie pendant 1 h.

Monter une mayonnaise classique à l'huile de tournesol en ajoutant 1 cuil. à soupe d'huile d'olive et y incorporer l'oseille finement hachée.

Démouler la terrine et servir froid avec la mayonnaise.

Pâtés de saumon à la menthe

Pour 4 personnes

Préparation : 1 heure
Cuisson : 20 mn
Réfrigération : 12 h

Ingrédients :

1 tranche de saumon fumé
500 g de filet de saumon frais
2 à 3 cuil. à soupe de menthe fraîche
2 feuilles de gélatine
1 cuil. à soupe de crème épaisse allégée
1 grosse courgette
huile d'olive
sel, poivre

Faire cuire le filet de saumon frais, en papillote, au four pendant 30 mn ou à la vapeur dans du papier aluminium. Laisser refroidir.

Laver et hacher la menthe fraîche, laver les courgettes et les couper en tranches fines dans le sens de la longueur, en conservant la peau.

Faire dorer les tranches de courgettes à la poêle avec de l'huile d'olive, à feu vif (30 secondes de chaque côté). Les déposer sur un papier absorbant et laisser refroidir. Émietter grossièrement le saumon cuit et hacher le saumon fumé.

Dans une casserole, faire chauffer l'huile d'olive à feu doux et ajouter les feuilles de gélatine, préalablement ramollies dans de l'eau froide et essorées. Incorporer ce liquide au saumon et ajouter la crème fraîche, ainsi que la menthe. Mélanger le tout et assaisonner avec le sel et le poivre.

Chemiser 4 ramequins avec les tranches de courgettes et y verser la préparation précédente. Laisser au réfrigérateur une journée. Les sortir 30 mn avant de servir et démouler au dernier moment.

Terrine de truite au fenouil

Pour 4 personnes

Préparation : 1 h
Cuisson : 20 mn
Réfrigération : 12 h

Ingrédients :

1 petite truite de mer d'1 kg environ
20 cl de crème épaisse allégée
1/4 de litre de gelée (en sachet)
2 branches de thym
3 feuilles de laurier
1 gros oignon piqué de 3 clous de girofle
1 gousse d'ail
600 g de fenouil
1 citron vert
2 cuil. à soupe d'huile d'olive
1 botte d'aneth
sel, poivre en grains

Faire cuire la truite au court-bouillon avec du sel, du poivre en grains, l'oignon piqué, le laurier, le thym et la gousse d'ail.

Quand l'eau bout, compter 10 mn de cuisson à feu doux. Retirer du feu et laisser refroidir la truite dans ce bouillon.

Nettoyer le fenouil et retirer les tiges trop dures. Couper chaque tige en deux et les faire cuire à l'autocuiseur pendant 10 mn. Passer le bouillon au tamis et l'utiliser pour confectionner la gelée suivant le mode d'emploi indiqué sur le paquet.

Débarrasser la truite de sa peau et de ses arêtes et écraser la chair avec une fourchette. Ajouter la moitié de la gelée légèrement refroidie et mouliner le tout. Ajouter ensuite le reste de la gelée, ainsi que la crème battue, le sel et le poivre.

Mouiller un moule à cake, le remplir de la préparation et laisser prendre au réfrigérateur une journée.

(suite page 100)

Écraser le fenouil au moulin en ajoutant le jus de citron. Passer cette purée au tamis afin d'obtenir un coulis et assaisonner de sel, de poivre et d'aneth ciselé. Mettre au frais.

Sortir la mousse 15 mn avant de servir, démouler au dernier moment et présenter en tranches épaisses avec le coulis de fenouil.

Pain de poisson

Pour 6 personnes

Préparation : 15 mn
Cuisson : 40 mn

Ingrédients :

600 g de filets de cabillaud
2 à 3 tomates bien mûres
6 œufs
4 gousses d'ail
1 bouquet de basilic
4 cuil. à soupe d'huile d'olive
sel, poivre

Ébouillanter les tomates pendant 30 secondes, les peler et les épépiner. Les faire revenir dans l'huile d'olive avec l'ail écrasé jusqu'à ce qu'il ne reste plus de jus.

Mixer les filets de cabillaud crus et y ajouter la purée de tomates, ainsi que les œufs battus en omelette, les feuilles de basilic hachées, le sel et le poivre.

Huiler un moule à cake, y verser la préparation et faire cuire au bain-marie, à four moyen (th. 5) 180 ° C pendant 40 mn.

Démouler et servir tiède ou froid avec éventuellement une mayonnaise à l'huile d'olive ou un coulis de tomates.

Flan de sandre aux légumes

Pour 6 personnes

Préparation : 25 mn
Cuisson : 40 mn

Ingrédients :

600 g de filets de sandre frais
50 g de haricots verts frais
50 g de petits pois
2 œufs entiers et 2 blancs
200 g de fromage blanc à 20 % de matière grasse
3 cuil. à soupe de crème fraîche allégée
sel, poivre

Mixer les filets de sandre et ajouter les œufs entiers, un par un, puis les blancs, en continuant à fouetter. Ajouter ensuite le fromage blanc et la crème fraîche. Assaisonner avec le sel et le poivre.

Ébouillanter les haricots verts pendant 5 mn et les couper en morceaux. Les ajouter à la mousse ainsi que les petits pois.

Beurrer un moule à cake et y verser la préparation. Faire cuire au bain-marie, à four chaud (th. 6-7), 210 °C pendant 40 mn. Servir chaud ou froid.

Suggestions :

A défaut de sandre on peut utiliser du brochet.

Salade d'épinards aux coques

Pour 6 personnes

Préparation : 30 mn
Cuisson : 10 mn

Ingrédients :

1,4 kg de coques
800 g d'épinards
2 dl de vin blanc
200 g de crème fleurette allégée
3 tomates
1 échalote
noix de muscade
vinaigre de Xérès
ciboulette
paprika doux

Rincer les coques dans plusieurs eaux et les égoutter. Les faire ouvrir à feu vif avec l'échalote hachée et le vin blanc. Les décortiquer et mettre le jus de côté.

Éplucher les épinards et les laver. En faire cuire la moitié dans de l'eau bouillante salée pendant 5 mn et l'égoutter. Mixer avec le sel, le poivre, la muscade et le vinaigre de Xérès.

Monter la crème fleurette en Chantilly, puis la mélanger à la mousse d'épinards. Couper finement le reste des épinards crus.

Disposer la mousse d'épinards au centre de l'assiette, ajouter les coques et entourer le tout avec les épinards crus.

Décorer avec des quartiers de tomates et saupoudrer de ciboulette et de paprika. Servir aussitôt.

Raie en salade

Pour 6 personnes

Préparation : 15 mn
Cuisson : 10 mn

Ingrédients :

1,2 kg d'ailerons de raie bouclée
1 verre de câpres
1 boîte de poivrons rouges
1 chicorée frisée
1 salade romaine
quelques brins de thym
1 feuille de laurier
2 citrons

vinaigrette :

2 cuil. à soupe de vinaigre de Xérès
1 cuil. à soupe d'huile de noisette
5 cuil. à soupe d'huile d'olive
sel, poivre

Enlever la peau grise des ailerons de raie et les faire cuire à l'eau avec le jus des 2 citrons, le thym, le laurier et le sel.

Quand l'eau bout, laisser cuire 5 mn, retirer du feu et laisser refroidir dans l'eau de cuisson. Enlever la peau blanche qui est restée.

Laver la salade et l'essorer, puis la couper en lamelles. Prélever les filets de raie en les décollant du cartilage. Disposer la salade dans l'assiette et poser les filets dessus. Ajouter les câpres et les poivrons coupés en dés.

Préparer une vinaigrette avec 1 cuil. à soupe d'huile de noisette, 5 cuil. à soupe d'huile d'olive, 2 cuil. à soupe de vinaigre de Xérès, du sel et du poivre.

Servir le plat arrosé de cette vinaigrette.

Sardines en salade

Pour 6 personnes

Préparation : 30 mn
Cuisson : 10 mn

Ingrédients :

12 belles sardines fraîches
2 poivrons rouges
1 dl d'huile d'olive
1 concombre
1 pied de céleri en branche
24 olives noires
3 branches de thym
2 feuilles de laurier
2 citrons
sel, poivre

Vider les sardines, les laver, les essuyer et les découper au niveau du dos pour en ôter l'arête dorsale.

Faire griller les poivrons au four, les éplucher et les découper en 12 lanières. En fourrer les sardines et les disposer sur un plat.

Couper le laurier et le thym en petits morceaux et les mélanger avec l'huile d'olive et le jus de citron. Verser cette préparation sur les sardines et les passer au four (th. 9) à 300 °C pendant 10 mn.

Éplucher le concombre et le couper en petits dés. Prélever le cœur du céleri, le laver et le hacher.

Servir les sardines tièdes, décorées d'olives noires, de rondelles de citron et accompagnées du concombre et du céleri.

Céleri aux moules

Pour 4 personnes

Préparation : 20 mn
Cuisson : 10 mn
Réfrigération : 12 h

Ingrédients :

1 petit céleri-rave
1 l de moules
1 cuil. à soupe de moutarde forte
1 échalote
1 jaune d'œuf
1 cuil. d'huile d'olive
20 cl d'huile de tournesol
1 cuil. à soupe de persil haché
1 verre de vin blanc sec
sel, poivre

Nettoyer les moules et les faire ouvrir dans le vin blanc pendant 3 mn, à feu vif, en remuant. Les décortiquer et conserver le jus. Éplucher le céleri-rave et le couper en cubes.

Le faire cuire dans le jus des moules, à l'autocuiseur, pendant 3 mn à partir de la rotation de la soupape.

Préparer une sauce rémoulade :

Mélanger la moutarde, le sel, le poivre et monter une sauce en ajoutant 20 cl d'huile de tournesol et une cuil. à soupe d'huile d'olive pour obtenir la consistance d'une mayonnaise.

Hacher finement l'échalote et la mélanger avec cette mayonnaise. Mélanger ensuite le céleri et les moules avec la sauce et laisser prendre goût au réfrigérateur pendant une journée.

Au moment de servir, décorer de persil haché.

Salade de moules

Pour 6 personnes

Préparation : 30 mn
Cuisson : 10 mn
Réfrigération : 30 mn

Ingrédients :

1,5 l de moules
1 oignon moyen
1 salade frisée
1 cuil. à soupe d'huile d'olive
1/2 cuil. à café de feuilles de thym

sauce :

2 gousses d'ail
15 à 20 feuilles de basilic
6 cuil. à soupe d'huile d'olive
1 cuil. à soupe de vinaigre de vin
sel, poivre

Faire revenir, dans une cocotte, les oignons finement émincés, à feu vif, dans l'huile d'olive et le thym. Ajouter les moules pour les faire ouvrir et les décortiquer.

Puis, préparer la sauce. Écraser l'ail et le basilic et verser l'huile en filet de manière à obtenir un mélange homogène. Ajouter ensuite le vinaigre, le sel et le poivre.

Mélanger cette sauce avec les moules et laisser macérer 30 mn au réfrigérateur. Servir sur un lit de frisée en décoration.

Salade au crabe

Pour 6 à 8 personnes

Préparation : 15 mn
Cuisson : 5 mn

Ingrédients :

1 grosse boîte de crabe (300 g)
2 avocats
4 artichauts
2 branches de céleri
1 laitue
2 citrons

sauce :

1 jaune d'œuf
huile de tournesol
1/2 cuil. à soupe de moutarde
4 cuil. à soupe de crème fraîche allégée
2 cuil. à café de persil haché
sel, poivre

Laver et égoutter la salade. Éplucher les fonds d'artichauts, retirer le foin et les citronner pour éviter qu'ils ne noircissent. Les couper en lamelles et les faire cuire dans de l'eau bouillante salée, pendant 5 mn. Une fois cuits, les égoutter après les avoir passés sous l'eau froide

Ôter le noyau des avocats et faire des boules avec la chair, à l'aide d'une cuillère à pommes noisettes. Verser le jus de citron dessus pour qu'elles ne noircissent pas.

Couper les branches de céleri en dés et mélanger tous ces ingrédients avec le crabe.

Préparer une mayonnaise à l'huile de tournesol et y ajouter la crème fraîche battue et le persil. Assaisonner avec le sel et le poivre.

Servir cette salade arrosée avec la sauce.

Palourdes gratinées aux épinards

Pour 6 personnes

Préparation : 20 mn
Cuisson : 25 mn

Ingrédients :

2 kg de palourdes
2 échalotes émincées
500 g d'épinards
3 cuil. à soupe d'huile d'olive
200 g de crème fraîche à 30 % de matière grasse
50 g d'emmenthal râpé
sel, poivre

Rincer les palourdes à l'eau courante. Les faire ouvrir à feu vif, dans un fait-tout, avec les échalotes pendant 5 mn puis les décortiquer.

Enlever les queues des épinards et les blanchir pendant 5 mn dans de l'eau bouillante salée.

Les égoutter au maximum, les hacher grossièrement, et les faire revenir dans l'huile d'olive, à feu vif, pendant 5 mn.

Mélanger les épinards avec les palourdes et la crème fraîche. Verser ce mélange dans un plat à gratin, saupoudrer d'emmenthal râpé et faire gratiner à four chaud à 220 °C (th. 7) pendant 10 mn.

Servir chaud.

LE PLAT PRINCIPAL

Omelette aux rognons

Pour 6 personnes

Préparation : 30 mn
Cuisson : 25 mn

Ingrédients :

12 œufs
1 rognon de veau de 250 à 300 g
(ou 1 rognon de bœuf)
3 cuil. à soupe d'huile de tournesol
100 g de crème fraîche allégée
1 cuil. à café de moutarde
2 échalotes
sel, poivre

Nettoyer le rognon de ses déchets et le couper en gros morceaux. Les faire revenir à feu vif, dans 1 cuil. à soupe d'huile de tournesol, jusqu'à ce qu'ils soient roses à l'intérieur.

Les ôter du feu, les assaisonner de sel et de poivre et les conserver au chaud sans les faire cuire.

Émincer les échalotes et les faire revenir dans la même poêle, ajouter 1 cuil. à café de moutarde ainsi que la crème fraîche. Faire cuire à feu moyen jusqu'à ce que cette sauce épaississe.

Remettre les morceaux de rognon dans la poêle et les mélanger à la sauce.

Dans une autre poêle, faire l'omelette avec le restant d'huile de tournesol, et quand elle est cuite, déposer au centre les rognons et la sauce, puis la replier pour la fermer.

Servir immédiatement.

Omelette au thon

Pour 4 personnes

Préparation : 10 mn
Cuisson : 10 mn

Ingrédients :

8 œufs
1 cuil. à soupe de persil haché
200 g de thon au naturel, égoutté de son huile
2 filets d'anchois
2 cuil. à soupe d'huile d'olive
1/2 cuil. à café de sel, poivre

Découper les anchois en fines lamelles. Battre les œufs en omelette, y ajouter les anchois et le thon émietté. Assaisonner de persil, de sel et de poivre.

Faire cuire l'omelette dans l'huile d'olive pendant 5 mn de chaque côté. Servir aussitôt.

Œufs cocotte en tomate

Pour 6 personnes

Préparation : 1 h 30
Cuisson : 30 mn

Ingrédients :

6 petits œufs
6 grosses tomates fermes
40 g de gruyère râpé
1/2 cuil. à soupe de fleur de thym
huile d'olive
sel, poivre

Laver les tomates, en couper le chapeau et en retirer la chair, que vous conserverez. Saupoudrer les tomates évidées de gros sel et les faire dégorger en les retournant sur une assiette pendant une ou deux heures.

Faire revenir la chair des tomates, à feu vif, avec 2 cuil. à soupe d'huile d'olive pendant 10 à 15 mn. Assaisonner avec le sel et le thym. Faire préchauffer le four à 190 °C (th. 5-6).

Déposer les tomates et leurs chapeaux dans un plat huilé, et les enfourner 12 à 15 mn. Les sortir du four et les saupoudrer d'un peu de gruyère râpé.

Casser un œuf dans chacune d'elles, ajouter la purée de tomates et le reste du gruyère.

Remettre le chapeau et finir la cuisson pendant 10 à 12 mn. Servir aussitôt cuit.

Piperade

Pour 6 personnes

Préparation : 40 mn
Cuisson : 40 mn

Ingrédients :

1 kg de tomates
4 poivrons rouges
6 tranches de jambon de Bayonne
1 oignon
1 gousse d'ail
huile d'olive
6 œufs
sel, poivre

Faire griller les poivrons au four ou sur un gril pour en retirer la peau plus facilement. Les couper en morceaux et en ôter les pépins.

Faire blanchir les tomates dans de l'eau bouillante pendant 30 secondes de manière à en retirer la peau et à les épépiner.

Faire revenir les oignons émincés, à feu vif, dans l'huile d'olive et ajouter les poivrons. Quand ils sont presque cuits, ajouter les tomates et l'ail écrasé. Assaisonner de sel et de poivre et laisser mijoter, à feu doux, jusqu'à obtenir une purée.

Faire chauffer le jambon dans une autre poêle, pendant 1 mn de chaque côté, et le conserver au chaud. Puis battre les œufs en omelette et les mélanger hors du feu à la purée de légumes. Remettre ensuite à chauffer doucement en remuant continuellement.

Vous devez obtenir un mélange crémeux et non sec. Servir aussitôt, décoré de tranches de jambon.

Œufs au miroir d'anchois

Pour 4 personnes

Préparation : 5 mn
Cuisson : 4 mn

Ingrédients :

8 œufs
12 cuil. à soupe de purée de tomates
quelques feuilles d'estragon
et de pistou
4 filets d'anchois à l'huile
poivre

Déposer une couche de purée de tomates au fond d'un plat et saupoudrer d'estragon et de pistou.

Casser les œufs par-dessus, poivrer et enfourner à 190 °C (th. 5-6) pendant 4 mn.

Égoutter les filets d'anchois, les couper en morceaux et les parsemer sur les œufs avant de servir.

Œufs au miroir de langoustines

Pour 4 personnes

Préparation : 5 mn
Cuisson : 4 mn

Ingrédients :

8 œufs
8 queues de langoustines décortiquées
cerfeuil, ciboulette
persil, estragon
1 cuil. à soupe d'huile d'olive
sel

Hacher persil, ciboulette, estragon et cerfeuil. Couper les queues de langoustines en rondelles et les saler légèrement.

Les faire revenir pendant 1 mn dans l'huile d'olive à feu vif, puis ajouter les fines herbes hachées. Les mettre dans un plat à bords bas, allant au four ou dans des ramequins individuels.

Casser ensuite les œufs dessus et finir la cuisson au four (dans un plat ou dans des ramequins) à 180 °C (th. 5), pendant 3 à 4 mn. Servir chaud.

Œufs sur le plat aux foies de volailles

Pour 4 personnes

Préparation : 10 mn
Cuisson : 8 mn

Ingrédients :

4 œufs
4 foies de volailles
40 g d'échalotes finement hachées
3 cuil. à soupe d'huile d'olive
4 champignons de Paris frais
sel, poivre

Dans une poêle, faire revenir les échalotes dans l'huile d'olive, à feu vif, pendant 2 mn.

Couper les foies de volailles en escalope et les ajouter aux échalotes, (à feu doux pour ne pas raidir les foies).

Laver et couper les champignons en lamelles, puis les faire revenir avec le reste.

Casser les œufs sur ce mélange et faire cuire jusqu'à ce que le blanc soit cuit.

Assaisonner avec le sel, le poivre et servir de suite.

Bœuf en soufflé

Pour 6 personnes

Préparation : 30 mn
Cuisson : 20 à 25 mn

Ingrédients :

1 poivron vert
2 oignons
100 g de champignons de Paris, frais
3 tomates moyennes
500 g de bœuf haché
1 pincée d'origan ou de thym
2 cuil. à soupe de fines herbes hachées
sel, poivre, poivre de Cayenne, huile d'olive

pour le soufflé :

3 œufs
60 g de chester râpé
3 cuil. à soupe de crème fraîche allégée
sel, poivre de Cayenne

Laver et couper les poivrons en petits morceaux. Émincer l'oignon et faire revenir le tout à feu vif dans l'huile d'olive. Ajouter ensuite les champignons, préalablement lavés et émincés.

Ébouillanter les tomates pendant 30 secondes, les peler, les épépiner et les couper en morceaux. Les ajouter au reste, ainsi que le bœuf haché, les fines herbes et l'origan. Assaisonner avec le sel, le poivre et une pointe de poivre de Cayenne.

Faire cuire à feu vif, à découvert, pour que l'eau s'évapore, puis baisser le feu et laisser mijoter quelques minutes.

Faire fondre le chester au bain-marie et y ajouter la crème fraîche. Laisser tiédir un peu, ajouter les jaunes d'œufs et assaisonner avec le sel, le poivre et le poivre de Cayenne.

Monter les blancs en neige bien ferme et les ajouter à ce mélange.

Étaler la préparation de légumes et de viande dans un plat et verser le mélange des œufs par-dessus. Faire cuire à four moyen à 150 °C (th. 4-5) pendant 20 à 25 mn.

Servir aussitôt cuit.

Brochettes de cœur

Pour 6 personnes

Préparation : 50 mn
Cuisson : 20 mn

Ingrédients :

6 cœurs d'agneau
300 g de lard fumé
250 g de petits oignons
2 cuil. à soupe d'huile d'olive
1 cuil. à café de thym ou d'origan
sel, poivre

Ouvrir les cœurs en deux et les laisser tremper dans de l'eau froide pendant 20 mn. Enlever le gras et les couper en cubes en retirant les déchets.

Couper le lard en gros morceaux et le faire blanchir à l'eau bouillante pendant 5 à 8 mn.

Déposer le lard et le cœur dans une terrine et les laisser mariner pendant 30 mn dans l'huile d'olive préalablement aromatisée avec le thym ou l'origan, salée et poivrée.

Éplucher les oignons et les plonger dans l'eau bouillante pendant 30 mn. Monter les brochettes en alternant cœur, lard et oignons.

Faire cuire au gril.

Gratin de langue de bœuf

Pour 6 personnes

Préparation : 30 mn
Cuisson : 2 h 30

Ingrédients :

1 langue de bœuf de 1,5 kg
2 sachets de court-bouillon
300 g de sauce tomate épaisse
80 g de parmesan râpé
5 cuil. à soupe d'huile d'olive

Débarrasser la langue de tous ses déchets et la laver sous l'eau froide. La faire blanchir à l'eau bouillante pendant 5 mn tout en l'écumant. L'égoutter et jeter l'eau de cuisson. Faire un court-bouillon, l'y plonger et la laisser bouillir pendant 2 heures.

La retirer du feu et la laisser refroidir dans l'eau de cuisson. La peler et la conserver jusqu'au lendemain.

Couper la langue en tranches, mettre du parmesan au fond d'un plat à gratin et déposer des tranches de langue par-dessus. Ajouter la sauce tomate et un peu de parmesan. Renouveler l'opération en terminant par le parmesan.

Enfourner à 150 °C (th. 4-5) jusqu'à obtention d'une belle couleur dorée.

Papillottes de foie de veau

Pour 4 personnes

Préparation : 10 mn
Cuisson : 25 mn

Ingrédients :

4 tranches de foie de veau de 120 g chacune
4 échalotes
1 cuil. à soupe de persil haché
200 g de champignons de Paris, frais
6 cuil. à soupe d'huile d'olive (ou éventuellement de tournesol)
sel, poivre

Laver les champignons et les couper en fines lamelles. Éplucher l'échalote et la hacher. Mélanger les champignons avec l'échalote et le persil haché. Mixer le tout.

Saisir les tranches de foie de veau dans l'huile d'olive (ou de tournesol), pendant 2 mn de chaque côté. Assaisonner avec le sel et le poivre.

Déposer les tranches de foie sur quatre feuilles de papier aluminium et les recouvrir avec le hachis de champignons. Refermer en papillotes.

Faire cuire à four moyen (th. 5), à 180 °C, pendant 15 mn. Servir dans les papillotes.

Curry d'agneau à l'indienne

Pour 6 personnes

Préparation : 30 mn
Cuisson : 1 h 30

Ingrédients :

1,5 kg d'épaule d'agneau dégraissée
3 beaux oignons
3 belles aubergines
1 poivron
1 cuil. à soupe de graines de cumin
1 cuil. à soupe de graines de moutarde
2,5 cuil. à soupe de curry
huile d'olive
sel

Couper la viande en morceaux de 3 cm d'épaisseur. Puis, dans une cocotte, faire revenir les oignons émincés dans l'huile d'olive pendant 3 mn à feu doux.

Ajouter les graines de cumin et de moutarde, et remuer pendant 2 mn. Mettre la viande à dorer, puis saler légèrement. Saupoudrer de curry tout en mélangeant.

Mouiller avec 5 cl d'eau chaude, couvrir et laisser mijoter pendant un peu plus d'une heure.

Après 35 mn de cuisson, ajouter les aubergines préalablement coupées en morceaux (avec la peau) ainsi que le poivron, coupé en dés.

Rectifier éventuellement l'assaisonnement en fin de cuisson. Ajouter un filet d'huile d'olive quelques minutes avant de servir.

Côtes d'agneau à la menthe

Pour 4 personnes

Préparation : 20 mn
Cuisson : 10 mn

Ingrédients :

8 côtelettes d'agneau
1 cuil. à soupe d'huile d'olive
herbes de provence
sel, poivre
quelques feuilles de menthe

Badigeonner les côtelettes avec de l'huile d'olive et laisser macérer 15 à 20 mn.

Mélanger les herbes de provence avec une partie de la menthe finement hachée.

Passer ensuite les côtelettes dans les herbes de manière à ce qu'elles soient entièrement recouvertes. Puis les faire cuire au gril bien chaud et les servir décorées de feuilles de menthe.

Épaule d'agneau au citron

Pour 6 personnes

Préparation : 15 mn
Cuisson : 1 h

Ingrédients :

1 kg d'épaule d'agneau désossée
4 cuil. à soupe d'huile d'olive
2 oignons moyens
1 gousse d'ail
2 cuil. à soupe de paprika
2 cuil. à soupe de persil haché
3 cuil. à soupe de jus de citron et quelques zestes
sel, poivre

Couper l'épaule en dés de 3 cm d'épaisseur et la faire revenir dans une cocotte, à feu vif, dans l'huile d'olive. Une fois que les dés sont bien dorés, les retirer de la cocotte et les conserver à part.

Faire revenir dans cette même cocotte les oignons et l'ail finement hachés. Ajouter le paprika, le persil haché, le jus de citron, les zestes et remettre les morceaux de viande.

Assaisonner avec le sel et le poivre, couvrir et laisser mijoter à feu doux pendant 1 heure (mouiller si nécessaire avec un peu d'eau).

Servir chaud.

Tagine de veau aux fonds d'artichauts

Pour 6 personnes

Préparation : 25 mn
Cuisson : 1 h 10

Ingrédients :

1,5 kg d'épaule de veau dégraissée
8 fonds d'artichauts cuits
4 beaux oignons
4 tomates
2 citrons
2 gousses d'ail
1 bouquet de persil
1 cuil. à soupe de cumin en poudre
1/2 cuil. à soupe de curcuma
1 feuille de laurier
1 cuil. à soupe de gingembre en poudre
1 verre de vin blanc sec
1/2 verre d'huile d'olive vierge
sel, poivre

Couper les morceaux de viande en dés de 3 cm d'épaisseur. Émincer les oignons, hacher l'ail et le persil.

Dans un plat, mélanger la viande, l'ail, le persil, les oignons et toutes les épices (cumin, gingembre et curcuma) en ajoutant l'équivalent d'un demi-verre d'huile d'olive vierge. Saler, poivrer et laisser mariner pendant 20 mn.

Retirer les morceaux de viande et les faire revenir, à feu normal, dans une cocotte. Dès que la viande est saisie, ajouter la marinade et le laurier. Puis, mouiller avec 25 cl de vin blanc.

Laisser mijoter à feu doux pendant une demi-heure, à découvert, puis une demi-heure à couvert. Pendant ce temps, couper les tomates et les fonds d'artichauts en quartiers.

En fin de cuisson, retirer les morceaux de viande que vous conservez au chaud. Ajouter alors les tomates et les fonds d'artichauts au jus de cuisson, ainsi que le jus des deux citrons. Laisser cuire à feu normal pendant 5 à 8 mn.

Placer la viande dans un plat chaud en disposant les légumes autour et arroser du jus de cuisson.

Veau à la basquaise

Pour 6 personnes

Préparation : 20 mn
Cuisson : 45 mn

Ingrédients :

1,5 kg de rôti de veau
3 oignons
3 aubergines
3 tomates
2 poivrons
1 kg de champignons de Paris frais
3 cuil. à soupe d'huile d'olive
1 verre de vin blanc sec
1 bouquet garni
1 gousse d'ail
1 citron
sel, poivre

Ébouillanter les tomates pendant 30 secondes, les peler, les épépiner et les couper en morceaux. Éplucher les aubergines et les couper en cubes. Éplucher et émincer les oignons, couper le bout terreux des champignons et laver les champignons deux fois à l'eau citronnée.

Dans une cocotte, faire revenir le rôti de veau dans l'huile d'olive, sur toutes ses faces, à feu vif. Ajouter les oignons émincés, mouiller avec un peu de vin blanc et laisser cuire pendant 25 mn, à couvert, en retournant le rôti de temps en temps et en l'arrosant du jus de cuisson.

Ajouter les tomates, les aubergines, l'ail écrasé, les champignons coupés en lamelles, les poivrons épluchés et coupés en lamelles ainsi que le bouquet garni. Arroser avec le vin blanc, saler, poivrer, et laisser encore mijoter pendant 25 mn.

Servir le rôti entouré des légumes et de la sauce, débarrassée du bouquet garni.

Côtes de veau gratinées aux haricots verts

Pour 6 personnes

Préparation : 10 mn
Cuisson : 35 mn

Ingrédients :

6 côtes de veau de 200 g chacune
400 g de haricots verts surgelés
1 œuf
3 cuil. à soupe de crème fraîche allégée
3 cuil. à soupe d'huile d'olive
50 g de gruyère râpé
sel, poivre

Faire cuire les haricots verts à l'eau. Les égoutter et les mouliner avec l'œuf entier et la crème fraîche. Assaisonner de poivre.

Faire cuire les côtes de veau, à feu vif, dans l'huile d'olive, pendant 5 mn de chaque côté. Assaisonner de sel et de poivre.

Étaler la purée de haricots verts sur les côtes de veau et parsemer de gruyère râpé.

Mettre à four très chaud (th. 7), à 220 °C, pendant 10 mn pour faire gratiner et servir aussitôt.

Bœuf à la provençale

Pour 6 personnes

Préparation : 30 mn
Cuisson : 2 h

Ingrédients :

1 kg de bœuf (du jumeau de préférence)
2 oignons moyens
1/2 gousse d'ail
4 cuil. à soupe d'huile d'olive
1 kg de tomates mûres
1/2 cuil. à café de feuilles de thym
1/2 feuille de laurier
2 cuil. à soupe de persil haché
sel, poivre, noix de muscade
50 g d'olives noires de Nice

Éplucher et émincer finement les oignons et les faire revenir dans l'huile d'olive à feu vif.

Ébouillanter et éplucher les tomates, les épépiner et les ajouter aux oignons avec le thym, le laurier, l'ail et le persil haché.

Diminuer le feu pour laisser mijoter à couvert, ajouter la viande coupée en gros dés de 3 cm d'épaisseur et assaisonner de sel, de poivre et de noix de muscade. Mouiller si nécessaire avec un peu d'eau.

Laisser cuire le tout pendant 2 h à feu très doux. Servir décoré d'olives noires que vous aurez ajoutées 10 mn avant la fin de la cuisson.

Pot-au-feu

Pour 6 personnes

Préparation : 30 mn
Cuisson : 3 h

Ingrédients :

1 kg de plat-de-côtes avec les os
600 g de jarret de bœuf
2 os sans moelle
6 poireaux
8 navets
2 pieds de céleri en branches
2 oignons
2 clous de girofle
sel, 10 grains de poivre
1 bouquet garni

Mettre la viande et les os dans une grande marmite, puis recouvrir avec 4 l d'eau froide et 1 cuil. à soupe de sel.

Porter à ébullition, écumer pour ôter le gras et baisser le feu pour laisser mijoter pendant 1 h, à couvert.

Éplucher et piquer les oignons avec les clous de girofle, les ajouter dans la marmite avec le bouquet garni.

Au bout d'1 h 30 de cuisson, ajouter les légumes lavés et épluchés ainsi que 10 grains de poivre, (rajouter un peu d'eau si besoin) et laisser mijoter encore pendant 1 h 30.

Servir la viande découpée et entourée des légumes.

Suggestions :

Dégraisser le bouillon refroidi, ôter le bouquet garni et consommer le bouillon en soupe.

Carpaccio de bœuf

Pour 6 personnes

Préparation : 15 mn
Réfrigération : 2 h

Ingrédients :

800 g de contre-filet paré
1/4 de litre d'huile d'olive
1 citron, 1 jus de citron
1 laitue
sel, poivre
persil haché
herbes de Provence, romarin...

Acheter un filet de bœuf dégraissé et non ficelé. Le passer au freezer pendant 1 heure pour le faire durcir.

Couper des tranches extra-fines à l'aide d'un couteau bien tranchant (couteau électrique) et les disposer dans un plat creux. Arroser d'huile d'olive et de jus de citron. Assaisonner de sel, de poivre et d'herbes. Laisser macérer pendant 1 h au réfrigérateur.

Servir quatre tranches de viande par personne et décorer de feuilles de laitue, de rondelles de citron et de persil haché.

Ce plat se mange frais, il peut s'accommoder de basilic ou de parmesan.

Suggestions :

Vous pouvez également acheter des filets pour carpaccio, prêts à l'emploi, chez votre boucher.

Tournedos sauce créole

Pour 6 personnes

Préparation : 30 mn
Cuisson : 40 mn

Ingrédients :

6 tournedos de 150 g chacun
1,5 kg de tomates
3 échalotes
4 gousses d'ail
1 poivron vert et 1 poivron rouge
2 cuil. à soupe d'huile d'olive
1 bouquet garni
1 dl de vinaigre de Xérès
sel, poivre de Cayenne en poudre

Ébouillanter les tomates pendant 30 secondes, les peler, les épépiner et les couper en dés. Dans une poêle, faire revenir l'échalote et l'ail dans l'huile d'olive, à feu vif. Puis ajouter les tomates, le bouquet garni, une pincée de poivre de Cayenne et saler.

Faire cuire à découvert jusqu'à ce que le jus des tomates soit évaporé. Ôter le bouquet garni et passer cette préparation au moulin à légumes.

Passer les poivrons au gril, pour les éplucher plus facilement, et les couper en petits morceaux. Les ajouter à la sauce tomate, ainsi que le vinaigre de Xérès et laisser cuire encore pendant 5 mn.

Faire cuire les tournedos au gril et les arroser de sauce avant de servir.

Tournedos aux champignons

Pour 4 personnes

Préparation : 10 mn
Cuisson : 10 mn

Ingrédients :

4 tournedos de 250 g
4 échalotes
2 oignons
500 g de champignons de Paris, frais
1 branchette de thym
4 branches de persil
4 cuil. à soupe d'huile d'olive
sel, poivre

Hacher ensemble les oignons, l'échalote et le persil. Équeuter, laver et couper les champignons en lamelles, puis les faire revenir à feu vif avec l'huile d'olive pendant 5 à 8 mn.

Assaisonner ensuite de sel et de poivre. Ajouter le hachis d'oignons en fin de cuisson.

Faire griller les tournedos pendant 2 à 3 mn de chaque côté. Saler et poivrer.

Servir accompagné des champignons.

Goulasch aux trois viandes

Pour 6 personnes

Préparation : 15 mn
Cuisson : 2 h 30

Ingrédients :

300 g de veau, dans l'épaule ou le filet
300 g d'échine de porc
300 g de bœuf à braiser
2 gros oignons
2 poivrons rouges
3 tomates
3 cuil. à soupe d'huile d'olive vierge
1 bouquet garni.
2 cuil. à soupe de paprika
sel, poivre, piment de Cayenne

Couper la viande en petits dés de 2 cm de côté et la faire dorer dans une grande cocotte, dans l'huile d'olive. Puis la retirer et la réserver au chaud.

Éplucher, émincer les oignons et les faire revenir dans la même cocotte jusqu'à ce qu'ils soient bien dorés, sans les faire roussir. Hors du feu, y remettre de nouveau la viande et saupoudrer de paprika. Bien mélanger le tout et remettre la cocotte sur feu très doux.

Mouiller d'eau, à hauteur de la viande, et ajouter le bouquet garni. Couvrir et laisser mijoter pendant 1 h.

Passer les poivrons au gril pour pouvoir les éplucher plus facilement et les couper en lanières. Couper les tomates en morceaux. Mettre ces légumes dans la cocotte, saler, ajouter une pointe de piment de Cayenne et laisser mijoter encore 1 h.

Découvrir, retirer le bouquet garni et laisser mijoter encore (pas plus d'une demi-heure), jusqu'à ce que la sauce se soit épaissie.

Servir bien chaud.

Ragoût de porc aux coques

Pour 4 personnes

Préparation : 30 mn
Cuisson : 1 h 30

Ingrédients :

800 g d'échine de porc
1 l de coques
6 cuil. à soupe d'huile d'olive
4 gousses d'ail
le jus d'un citron
1 cuil. à soupe de persil haché
sel, poivre

marinade :

1 verre 1/2 de vin blanc sec
1 feuille de laurier
1 gousse d'ail et 1 oignon (piqué avec 1 clou de girofle)
1 bouquet garni

Faire la marinade avec le vin blanc, la feuille de laurier, l'oignon, le sel, le poivre et le bouquet garni.

Couper la viande en morceaux, l'arroser avec la marinade et laisser macérer pendant une journée. Laver les coques dans plusieurs eaux, les égoutter, les faire ouvrir à feu vif et les décortiquer.

Sortir la viande de la marinade, l'essuyer avec du papier absorbant, puis, dans une cocotte, la faire dorer dans l'huile d'olive, à feu vif. Filtrer la marinade, sortir l'oignon, l'essuyer avec du papier absorbant, l'émincer et ôter le clou de girofle. Ajouter l'oignon et l'ail écrasé dans la cocotte pour les faire revenir. Ajouter la marinade filtrée puis laisser cuire à feu doux, à couvert, pendant 1 h 30 mn.

Surveiller la cuisson en ajoutant, si besoin, un peu d'eau et en retournant la viande. 5 minutes avant la fin de la cuisson, passer la sauce au moulin et ajouter les coques.

Servir avec la sauce additionnée de jus de citron et de persil haché.

Ragoût de porc aux blancs de poireaux

Pour 6 personnes

Préparation : 20 mn
Cuisson : 30 mn

Ingrédients :

1 kg d'échine de porc désossée
2 kg de blancs de poireaux
1 bouquet de thym
1 feuille de sauge
2 gousses d'ail
1 cuil. à soupe d'huile d'olive
sel, poivre

Éplucher, laver et couper les poireaux en morceaux. Les blanchir pendant 5 mn dans de l'eau bouillante salée et les égoutter.

Dans une poêle, faire dorer le porc dans l'huile d'olive, le retirer et jeter la graisse. Ajouter 2 dl d'eau chaude et porter à ébullition en raclant le fond de la poêle. Verser ce jus dans une cocotte où vous rajouterez le porc.

Ajouter également les poireaux, le thym, la feuille de sauge et l'ail écrasé. Assaisonner de sel et de poivre.

Faire cuire à feu doux, cocotte couverte, pendant 30 mn. Retirer le bouquet garni avant de servir.

Jambon de Bayonne aux épinards

Pour 6 personnes

Préparation : 15 mn
Cuisson : 25 mn

Ingrédients :

6 belles tranches de jambon de Bayonne de 150 g chacune
2 kg d'épinards frais en branches
5 échalotes
1 cube de bouillon de volaille dilué dans 1/4 l d'eau
3 cuil. à soupe d'huile d'olive
1/2 dl de vinaigre

Laver les épinards dans plusieurs eaux et les faire cuire dans de l'eau bouillante salée, pendant 50 mn. Les égoutter.

Disposer les six tranches de jambon dans un plat et les entourer d'épinards.

Mettre à four doux (th. 5), à 180 °C, jusqu'à ce que le gras du jambon devienne translucide.

Faire revenir les échalotes hachées dans l'huile d'olive, ajouter le vinaigre et laisser réduire.

Délayer le bouillon de volaille dans l'eau chaude et l'ajouter aux échalotes. Laisser réduire de nouveau pendant 15 mn.

Verser cette sauce sur le jambon et les épinards avant de servir.

Lapin niçois

Pour 6 personnes

Préparation : 20 mn
Cuisson : 1 h 20

Ingrédients :

1 lapin de 1,5 kg
4 oignons
4 aubergines
2 poivrons verts
2 poivrons rouges
5 courgettes
6 tomates
2 dl d'huile d'olive
1 bouquet garni
3 gousses d'ail
sel, poivre

Couper le lapin en morceaux en suivant les articulations et le faire revenir à la poêle, à feu vif, dans 1 dl d'huile d'olive. Retirer les morceaux lorsqu'ils sont dorés et les conserver à part.

Émincer les oignons et les poivrons et les faire revenir dans une cocotte, à feu vif, avec le restant d'huile d'olive. Quand ils sont bien dorés, les retirer et les remplacer par les aubergines et les courgettes coupées en rondelles. Remettre ensuite les oignons et les poivrons, puis les morceaux de lapin.

Ébouillanter les tomates pendant 30 secondes, les peler, les épépiner et les couper en morceaux. Les ajouter dans la cocotte, ainsi que l'ail, le bouquet garni, le sel et le poivre.

Couvrir et laisser mijoter à feu doux pendant 1 h. Ôter le bouquet garni et servir.

Lapin aux choux

Pour 6 personnes

Préparation : 20 mn
Cuisson : 1 h 30

Ingrédients :

1 lapin de 1,5 kg
2 choux nouveaux
250 g de poitrine demi-sel
4 oignons moyens
30 g de graisse d'oie ou 30 cl d'huile d'olive

Faire blanchir la poitrine coupée en dés dans de l'eau bouillante pendant 2 mn, l'égoutter sur du papier absorbant.

Laver les choux et les couper en deux pour retirer les côtes du centre. Les faire blanchir dans de l'eau bouillante et salée pendant 10 mn, puis les égoutter.

Couper le lapin en morceaux suivant les articulations et le faire dorer à la poêle, à feu vif, dans l'huile d'olive ou la graisse d'oie. Quand les morceaux sont bien dorés, les retirer et les mettre de côté.

Dans cette poêle, faire revenir les lardons et les oignons émincés. Disposer les choux au fond d'une cocotte et ajouter le lapin, ainsi que les lardons et les oignons.

Assaisonner de sel, de poivre, et mouiller avec un verre d'eau. Laisser mijoter, à couvert, à feu doux pendant 1 h 15. Mouiller si nécessaire.

Lapin enveloppé

Pour 6 personnes

Préparation : 25 mn
Cuisson : 30/45 mn

Ingrédients :

1 lapin de 1,5 kg, prêt à cuire
12 tranches fines de poitrine demi-sel
2 cuil. à soupe d'huile d'olive
4 tomates
thym, marjolaine ou romarin
4 oignons
sel, poivre

Couper le lapin en morceaux, suivant les articulations, en essayant de faire douze parts à peu près égales. Assaisonner de sel, de poivre, de marjolaine ou de romarin et d'une petite branche de thym.

Envelopper chaque morceau de lapin d'une tranche de poitrine et les disposer dans un plat allant au four après avoir confectionné un lit d'oignons émincés.

Ajouter les tomates coupées en quartiers, arroser d'huile d'olive et mettre à four chaud (th. 6), à 200 °C, jusqu'à formation du jus. Arroser de temps à autre avec le jus de cuisson et laisser cuire pendant 30 à 45 mn.

Lapin aux olives vertes

Pour 6 personnes

Préparation : 20 mn
Cuisson : 1 h

Ingrédients :

2 râbles de lapin de 800 g
200 g d'olives vertes
2 cuil. à soupe de concentré de tomate
3 gousses d'ail
1 bouquet garni (thym, romarin, laurier)
2 oignons
1 dl d'huile d'olive
4 dl de vin blanc
2 branches de basilic frais
sel, poivre

Plonger les olives dans de l'eau bouillante non salée, pendant 1 à 2 mn. Les rincer à l'eau froide, les égoutter et les dénoyauter.

Couper les râbles en morceaux en suivant les articulations. Les faire dorer dans une cocotte, à feu vif, dans l'huile d'olive, puis les retirer pour les remplacer par les oignons émincés. Quand ils sont dorés, les égoutter sur du papier absorbant. Éliminer le gras de cuisson et verser le vin blanc.

Remettre le lapin, les oignons, ajouter le concentré de tomate, la moitié des olives, les gousses d'ail épluchées et le bouquet garni. Assaisonner de sel et de poivre.

Laisser mijoter, à couvert, pendant 3/4 h. Ajouter le reste des olives 15 mn avant la fin de la cuisson, saupoudrer de feuilles de basilic hachées et ôter le bouquet garni avant de servir.

Ballotins de lièvre

Pour 4 personnes

Préparation : 20 mn
Cuisson : 25 mn

Ingrédients :

400 g de lièvre désossé
200 g de foies de volailles
2 œufs
persil, thym
4 échalotes
sel, poivre

sauce au vin rouge :

1/2 l de vin rouge
2 échalotes
20 g de beurre
sel, poivre

Faire revenir les échalotes émincées dans un peu d'huile d'olive, à feu vif, pendant 1 ou 2 mn.

Mixer la viande avec les foies de volailles et assaisonner de sel et de poivre. Y ajouter les jaunes d'œufs, un par un, ainsi que le persil haché, le thym et les échalotes. Bien mélanger.

Faire quatre parts égales avec cette farce et envelopper chacune d'elles dans une feuille de papier aluminium, de manière à former un boudin. Faire cuire à la vapeur pendant 25 mn, dans l'autocuiseur.

Préparer la sauce au vin rouge :

Faire réduire le vin rouge avec l'oignon haché et l'écumer au fur et à mesure de la cuisson pour en éliminer l'amertume. Ajouter le beurre et battre au fouet. Assaisonner avec le sel et le poivre.

Servir les ballotins déballés, arrosés de la sauce au vin rouge.

Suggestions :

Peut être accompagné de choux, de champignons, de haricots verts...

Cordon bleu en paupiette

Pour 4 personnes

Préparation : 10 mn
Cuisson : 25 mn

Ingrédients :

4 escalopes de dinde de 100 g chacune
4 tranches de jambon fumé
1 fromage corse
1/2 cuil. à café d'herbes de Provence
1 cuil. à soupe d'huile d'olive
sel, poivre

sauce :

2 échalotes
huile d'olive
10 cl de crème allégée

Saupoudrer les escalopes d'herbes de Provence, les recouvrir d'une tranche de jambon, puis d'une tranche de fromage.

Les rouler en paupiette et les ficeler. Assaisonner de sel et de poivre. Les faire cuire dans l'huile d'olive, à feu doux, sans les couvrir, pendant 20 mn.

Servir ces paupiettes avec éventuellement des échalotes émincées, revenues dans de l'huile d'olive avec un peu de crème fraîche.

Sauté de dinde

Pour 6 personnes

Préparation : 20 mn
Cuisson : 50 mn

Ingrédients :

1,2 kg de filets de dinde
4 gros oignons
6 tomates
3 poivrons rouges
150 g de crème épaisse allégée
2 cuil. à soupe de paprika doux
1 pincée de poivre de Cayenne
4 cuil. à soupe d'huile d'olive ou de graisse d'oie
sel, poivre

Faire revenir les oignons hachés avec 2 cuil. à soupe d'huile d'olive. Quand ils sont dorés, ajouter les poivrons coupés en lanières et les tomates préalablement ébouillantées pendant 30 secondes, pelées et épépinées.

Faire cuire à feu doux jusqu'à ce que ce mélange soit en purée. Assaisonner avec le sel, le poivre, une pincée de poivre de Cayenne et le paprika.

Couper les filets de dinde en escalopes pas trop fines et les faire revenir à la poêle, à feu vif, avec 2 cuil. à soupe d'huile d'olive ou de graisse d'oie.

Lorsqu'ils sont à point mais pas trop cuits, les laisser mijoter quelques minutes.

Servir aussitôt avec la purée de légumes.

Dinde aux cèpes

Pour 6 personnes

Préparation : 30 mn
Cuisson : 45 mn

Ingrédients :

600 g de blanc de dinde
(en escalopes)
2 aubergines moyennes
1 boîte 4/4 de cèpes au naturel
100 g de pruneaux
1 sachet de thé
3 cuil. à soupe d'huile d'olive
1 dl de consommé de volaille
quelques feuilles d'estragon
sel, poivre

Préparer un thé léger et y faire macérer les pruneaux dénoyautés pendant 15 mn.

Éplucher les aubergines, les couper en gros cubes et les faire dégorger avec du gros sel pendant 10 mn. Les égoutter sur du papier absorbant et les faire dorer, à feu vif, avec 2 cuil. à soupe d'huile d'olive.

Rincer les cèpes à l'eau tiède, les égoutter et les couper en gros dés. Les ajouter aux aubergines et les faire dorer quelques minutes. Saupoudrer d'estragon, saler, poivrer et laisser mijoter 15 à 20 mn à couvert.

Faire dorer les blancs de dinde, à feu vif, avec 1 cuil. à soupe d'huile d'olive, puis ajouter 3 cuil. à soupe de consommé de volaille et surveiller la cuisson de manière à ce que les blancs de dinde ne se dessèchent pas, compter environ 15 à 20 mn. En fin de cuisson, ajouter les aubergines et les cèpes.

Faire revenir les pruneaux pendant 5 mn dans un peu d'huile d'olive et les ajouter à la préparation. Servir aussitôt.

Suggestions :

Les cèpes peuvent être remplacés par des champignons de Paris.

Potée au canard

Pour 6 personnes

Préparation : 25 mn
Cuisson : 2 h

Ingrédients :

1 canard de 2 kg
600 g de poitrine demi-sel
1 bande de couenne fraîche dégraissée
2 petits choux de Milan
1 cuil. à soupe de graisse d'oie
sel, poivre

Choisir de préférence deux choux de petite taille et les faire blanchir entiers dans de l'eau bouillante pendant 10 à 20 mn. Les rincer sous l'eau froide, les égoutter et retirer le cœur.

Couper la poitrine en dés et les faire blanchir dans de l'eau bouillante non salée pendant 5 mn. Égoutter sur du papier absorbant.

Faire revenir ces lardons dans une cocotte, à feu doux, avec la graisse d'oie. Déposer ensuite la bande de couenne et ajouter les feuilles de choux avec du sel, du poivre et un demi-verre d'eau.

Laisser braiser pendant 1 h à couvert et vérifier la cuisson, les choux doivent être tendres, laisser plus longtemps au besoin.

Faire dorer le canard à four très chaud (th. 7-8), 250 °C, pendant au moins 1/2 h sans vous préoccuper de la cuisson. Le découper dans un plat de manière à récupérer le jus ; saler et poivrer les morceaux.

Ajouter ces morceaux aux choux en mettant les cuisses au fond de la cocotte. Verser le jus du canard et laisser cuire encore 20 à 35 mn.

Filets de canard sauce poivre vert

Pour 4 personnes

Préparation : 25 mn
Cuisson : 20 mn

Ingrédients :

4 filets de canard
200 g de champignons
1 citron
1 dl de vin rouge
1 oignon
1 feuille de laurier
30 grains de poivre vert

Faire fondre les oignons émincés avec 1 cuil. à soupe d'huile d'olive (ou de tournesol) et ajouter le vin rouge. Laisser mijoter à feu vif jusqu'à évaporation presque complète du liquide.

Ajouter 1 verre d'eau, la feuille de laurier, le poivre vert et laisser cuire pendant 15 mn.

Équeuter, laver les champignons et les faire cuire à l'eau, entiers, avec le jus de citron pendant 5 mn. Les mixer en purée, saler et ajouter le beurre. Passer la sauce au tamis et la remettre à feu doux pour la faire réduire. Ajouter la purée de champignons.

Faire cuire les filets de canard sans matière grasse, dans une poêle anti-adhésive, à feu moyen, 4 mn de chaque côté.

Les servir nappés de sauce et, éventuellement, les tailler en aiguillettes.

Suggestions :

On peut également préparer cette recette avec des aiguillettes de canard.

Canard à la provençale

Pour 4 personnes

Préparation : 25 mn
Cuisson : 50 mn

Ingrédients :

1 canard prêt à cuire de 1,2 à 1,5 kg
4 tomates pelées
8 fonds d'artichauts cuits
20 olives noires
3 cuil. à soupe d'huile d'olive
6 échalotes émincées
1 boîte de 250 g de champignons
1 cuil. de crème fraîche allégée
1 feuille de laurier, thym, basilic
sel, poivre
1 gousse d'ail

Couper les tomates en quatre, les épépiner et les couper en lanières. Couper les fonds d'artichauts en tranches épaisses. Dénoyauter les olives noires et les couper en deux.

Couper le canard en morceaux et le faire dorer dans l'huile d'olive à feu vif. Ajouter les tomates, les échalotes émincées, l'ail et assaisonner de sel et de poivre. Mixer les champignons afin d'obtenir une purée et ajouter une cuillère à soupe de crème fraîche allégée.

Ajouter la purée de champignons, la feuille de laurier et les artichauts en tranches.

Laisser cuire à feu moyen, à couvert, pendant 50 mn. 2 mn avant la fin de la cuisson, ajouter les olives noires. Retirer la feuille de laurier et servir.

Canettes rôties et purée de cèpes

Pour 6 personnes

Préparation : 30 mn
Cuisson : 30 mn

Ingrédients :

3 canettes
1 kg de cèpes frais ou en boîte
500 g de champignons de Paris, frais
sel, poivre
2 cuillères à soupe de crème fraîche allégée

Nettoyer les canettes, les couper dans le sens de la longueur et les faire cuire au four, à 200-220 °C (th. 6-7), pendant 30 mn en les arrosant fréquemment. Les conserver au chaud.

Nettoyer les cèpes, les couper en lamelles et les cuire à feu doux avec la graisse rendue par les canettes, pendant 10 mn. Les égoutter dans une passoire, les mixer en purée et ajouter la crème fraîche allégée.

Laver et équeuter les champignons de Paris, puis les faire revenir à la poêle pendant 10 mn. Servir les canettes nappées de purée de cèpes et accompagnées de champignons de Paris.

Suggestions :

Les cèpes peuvent être remplacés par des champignons de Paris.

Coquelets aux citrons verts

Pour 6 personnes

Préparation : 45 mn
Cuisson : 40 mn

Ingrédients :

3 coquelets de 700 g
6 citrons verts
1/2 l de vin blanc sec
2 oignons moyens
2 cuil. à soupe d'huile d'olive
50 g de crème fraîche épaisse allégée
estragon, persil, basilic, cerfeuil, ciboulette, sauge
sel, poivre

Couper les coquelets en deux dans le sens de la longueur, les laisser mariner dans le vin blanc, le jus de 4 citrons verts, 1 cuil. à soupe d'huile d'olive, du sel, du poivre et toutes les herbes en proportion égale pendant 3 h.

Faire revenir les oignons hachés, à feu vif, avec 1 cuil. à soupe d'huile d'olive et une pincée de toutes les herbes.

Verser les oignons au fond d'un plat allant au four et déposer les coquelets, côté peau, dessus. Enfourner à 220 °C (th. 7) pendant 25 à 30 mn en retournant de temps à autre.

Faire réduire les 2/3 de la marinade à feu vif, dans une cocotte, en écumant au fur et à mesure. Quand les coquelets sont cuits, dégraisser le jus du plat de cuisson et verser la marinade dedans en raclant le fond.

Remettre à mijoter quelques minutes dans la cocotte et passer au tamis. Ajouter la crème fraîche allégée et la chair des 2 citrons verts. Laisser encore chauffer, mais sans faire bouillir.

Servir les coquelets nappés de cette sauce.

Poulet basquaise

Pour 6 personnes

Préparation : 30 mn
Cuisson : 1 h

Ingrédients :

1 poulet de 1,5 kg
2 gros poivrons rouges
2 gros poivrons verts
4 tomates moyennes
6 oignons moyens
1 dl de vin blanc sec
huile d'olive
1 bouquet garni
sel, poivre

Couper le poulet en morceaux suivant les articulations et les faire revenir, à feu vif, avec l'huile d'olive.

Quand ils sont dorés, les mettre dans une cocotte avec le vin blanc, le sel et le poivre. Laisser mijoter à feu moyen, cocotte couverte.

Faire griller les poivrons, au four ou sur un gril, pour en retirer la peau plus facilement. Enlever également celle des tomates en les trempant dans de l'eau bouillante pendant 30 secondes puis les épépiner.

Faire revenir les oignons émincés, à feu vif, dans l'huile d'olive. Ajouter les poivrons coupés en lanières, le bouquet garni puis la chair des tomates, 10 mn après.

Laisser cuire jusqu'à obtenir une purée de légumes, ajouter alors le poulet et laisser mijoter, à couvert, pendant 20 mn. Ôter le bouquet garni avant de servir.

Poule au pot

Pour 6 à 8 personnes

Préparation : 25 mn
Cuisson : 1 h 30 à 2 h

Ingrédients :

1 poule de 2 kg (bridée et parée par votre boucher)
1 kg d'os de veau sans moelle
2 pieds de céleri en branches
2 navets
4 petits poireaux
2 oignons
1 bouquet garni
2 clous de girofle
poivre, sel

Dans une grande marmite, mettre les os de veau et la poule. Couvrir largement d'eau froide et assaisonner de sel et de poivre. Porter à ébullition et écumer.

Faire brunir les oignons épluchés, à four chaud (th. 7), 220 °C, pendant quelques minutes et les piquer d'un clou de girofle.

Ajouter les légumes lavés et épluchés dans la marmite, (le céleri coupé en quatre) ainsi que les oignons, le bouquet garni et le sel.

Quand l'ébullition recommence, baisser le feu et laisser mijoter pendant 1 h 30.

Servir la poule entourée des légumes.

Suggestions :

Le bouillon peut être passé, dégraissé et consommé comme une soupe. La poule peut être mangée avec une sauce spéciale composée d'1 petite boîte de champignons de Paris, mixés en purée, 1 yaourt entier, 2 jaunes d'œufs, un peu du bouillon dégraissé, 1 pointe d'ail, du sel et du poivre. Bien mélanger tous ces ingrédients.

Pintade aux poireaux

Pour 6 personnes

Préparation : 15 mn
Cuisson : 20 mn

Ingrédients :

2 pintades de 1 kg
1,5 kg de blancs de poireaux
3 dl de bouillon de volaille
2 cuil. à soupe d'huile d'olive
sel, poivre

Couper les blancs de poireaux en deux dans le sens de la longueur puis les laver et les égoutter.

Couper les pintades en deux et les faire revenir, dans une cocotte, à feu vif, dans l'huile d'olive pendant 5 mn sur chaque face. Assaisonner de sel et de poivre, puis ajouter les blancs de poireaux émincés et verser le bouillon de volaille chaud.

Enfourner à 220 °C (th. 7) pendant 20 mn, cocotte couverte. Sortir les pintades et les conserver au chaud. Faire réduire le jus de cuisson de moitié, à feu vif.

Servir les morceaux de pintades accompagnés des blancs de poireaux et nappés de sauce.

Flans de foies de volailles

Pour 5 personnes

Préparation : 10 mn
Cuisson : 25 mn

Ingrédients :

200 g de foies de volailles
5 œufs
3 échalotes
2 cuil. à soupe d'huile d'olive (ou de tournesol)
2 cl de madère ou de porto
1/4 l de lait demi-écrémé
sel, poivre

Faire revenir les échalotes émincées dans de l'huile d'olive (ou de tournesol), à feu vif.

Couper les foies de volailles en petits cubes et les ajouter, hors du feu, aux échalotes.

Battre les œufs en omelette et ajouter ce mélange aux foies de volailles, au lait et au madère. Assaisonner de sel et poivre.

Verser cette préparation dans cinq petits ramequins beurrés et faire cuire au bain-marie, à four doux, à 130 °C (th. 4), pendant 25 mn.
Servir démoulé et sans attendre.

Recommandations :

A mi-cuisson, couvrir avec un papier aluminium pour éviter le dessèchement.

Haddock sauce yaourt

Pour 4 personnes

Préparation : 10 mn
Cuisson : 15 mn

Ingrédients :

4 morceaux de filets de haddock (150 g chacun)
1 l de lait demi-écrémé
1 feuille de laurier

sauce :

3 yaourts natures
10 cl de crème fraîche allégée
2 échalotes
10 cl de vin blanc sec
quelques brins de ciboulette hachée
le zeste d'un demi-citron
poivre

Laisser mariner les filets de haddock, recouverts de lait, avec la feuille de laurier et du poivre pendant 1 h. Les égoutter. Porter le lait à ébullition et y plonger les filets de haddock pendant 7 à 8 mn. Retirer du feu, mais laisser les filets refroidir dans le lait.

Faire réduire les échalotes émincées et le vin blanc sur feu vif, de manière à ce qu'il ne reste presque plus de liquide. Ajouter la crème fraîche et le zeste de citron râpé. Ajouter les yaourts, hors du feu, en fouettant et remettre à chauffer sans faire bouillir. Passer cette sauce au tamis et maintenir au chaud.

Égoutter les filets de haddock et les servir avec la sauce au yaourt, décorés de ciboulette hachée.

Cabillaud farci

Pour 4 personnes

Préparation : 35 mn
Cuisson : 25 mn

Ingrédients :

1 kg de cabillaud pris dans la queue (ou l'équivalent en filets)
400 g de crevettes roses
250 g de champignons de Paris, frais
sauce de soja
cerfeuil, coriandre, persil
2 verres de vin blanc sec
1 kg de courgettes
2 oignons
huile d'olive

Découper le cabillaud en deux pour en retirer l'arête centrale. Enlever ensuite la peau des filets. Décortiquer les crevettes et en conserver six pour la décoration.

Équeuter et laver les champignons, les mixer avec les crevettes, le persil, le cerfeuil et la moitié du coriandre. Ajouter un peu de sauce de soja. Étaler cette farce sur les filets de cabillaud.

Déposer au fond d'un plat les oignons coupés en rondelles, y verser 2 cuil. à soupe d'huile d'olive et y déposer les filets de poisson, enduits de farce. Ajouter les crevettes mises de côté et le persil. Arroser de vin blanc et faire cuire à four chaud, à 200 °C (th. 6), pendant 25 mn.

Éplucher les courgettes, les couper en rondelles fines et les faire dégorger pendant 1 heure avec du gros sel. Les faire revenir à feu vif avec un peu d'huile d'olive. Quand elles sont juste molles, les saupoudrer de coriandre fraîche ciselée et assaisonner de sel et de poivre.

Servir le poisson accompagné des courgettes.

Filets de saumon en papillotes et purée de poivrons

Pour 4 personnes

Préparation : 15 mn
Cuisson : 45 mn

Ingrédients :

4 filets de saumon de 150 g
2 oignons nouveaux
2 cuil. à soupe de crème fraîche allégée
4 à 5 poivrons verts
1 citron
5 cuil. à soupe de vin blanc sec
sel, poivre

Envelopper les poivrons dans du papier aluminium et les faire cuire à four chaud (th. 8-9), 250 °C, pendant 45 mn.

Pendant ce temps, faire cuire les oignons émincés dans le vin blanc jusqu'à ce qu'il s'évapore.

Saler, poivrer le poisson et l'arroser de quelques gouttes de citron. L'enfermer ensuite dans des papillotes de papier aluminium. Faire cuire à four chaud (th. 8-9), 290 °C, pendant 10 mn.

Éplucher les poivrons, les couper en morceaux et les mixer avec les oignons et la crème fraîche. Rectifier l'assaisonnement et présenter le saumon entouré de sa purée de poivrons.

Darnes de saumon en papillotes à la menthe

Pour 6 personnes

Préparation : 15 mn
Cuisson : 10 mn

Ingrédients :

6 darnes de saumon de 150 g
500 g de tomates
300 g d'oseille
1 bouquet de menthe
100 g de crème fraîche allégée
huile d'olive
sel, poivre

Laver et peler les tomates après les avoir ébouillantées pendant 30 secondes. Les épépiner et couper la chair en morceaux.

Préparer six feuilles de papier aluminium, les enduire d'huile d'olive et déposer un lit de chair de tomates dessus.

Ajouter les darnes de saumon, l'oseille hachée, 3 feuilles de menthe fraîche, 1 cuil. à café de crème fraîche et assaisonner de sel et de poivre. Refermer en papillotes et faire cuire à four chaud à 220 °C (th. 7) pendant 12 mn.

Brochettes de saumon et foies de volailles

Pour 6 personnes

Préparation : 30 mn
Cuisson : 10 mn

Ingrédients :

18 cubes de chair de saumon frais
12 morceaux de foies de volailles
2 échalotes hachées
1/4 l de crème fleurette
1/2 bouteille de vin blanc sec

Saisir les foies de volailles, à l'huile d'olive, pendant 3 à 4 mn. Sur 6 brochettes, enfiler alternativement 3 cubes de saumon frais et 2 morceaux de foie. Les déposer dans un plat allant au four sans les faire se chevaucher et les assaisonner de sel et de poivre.

Dans une casserole, faire réduire de moitié le vin blanc et les échalotes à feu vif, ajouter la crème fleurette et laisser bouillir 5 mn.

Verser cette sauce sur les brochettes, mettre le plat au four (th. 4/5), à 150 °C, laisser frémir encore 10 mn et retirer les brochettes du plat pour les conserver à part, au chaud.

Faire réduire encore le jus de cuisson de manière à obtenir une sauce qui nappe. Servir les brochettes chaudes accompagnées de la sauce.

Rougets à la provençale

Pour 6 personnes

Préparation : 35 mn
Cuisson : 15 mn

Ingrédients :

6 rougets de 250 g (ou 12 filets)
300 g de courgettes
300 g de tomates
400 g d'aubergines
3 gousses d'ail
1 cuil. à café de coriandre en poudre, thym, laurier
huile d'olive
1 citron
estragon, cerfeuil, persil,
8 feuilles de basilic
sel, poivre
court-bouillon

Laver, écailler et couper les rougets en filets. Les faire cuire au court-bouillon, à découvert, pendant 15 mn. Sortir les filets du court-bouillon et les placer dans un plat allant au four.

Passer le bouillon au tamis et en verser un peu sur le poisson de manière à le recouvrir. Le faire cuire à four chaud (th. 6) 200 °C pendant 5 mn.

Couper les tomates, les courgettes et les aubergines en rondelles fines, les mettre à dégorger avec du gros sel pendant 1/2 h et les disposer dans un plat à gratin avec un filet d'huile d'olive.

Assaisonner de sel, de poivre, de thym, mettre la feuille de laurier, la coriandre et l'ail haché. Faire cuire à four chaud à 200 °C (th. 6) pendant 15 mn. Ôter le bouquet garni.

Hacher les feuilles de basilic, le persil, l'estragon, le cerfeuil et mélanger le tout avec 6 cuil. à soupe d'huile d'olive et le jus de citron. Assaisonner de sel, de poivre et faire chauffer. Servir les filets de rouget entourés des légumes et nappés de sauce.

Brochettes de lotte au lard

Pour 4 personnes

Préparation : 15 mn
Cuisson : 15 mn

Ingrédients :

1 kg de lotte
16 tranches fines de lard fumé
16 feuilles de laurier frais
2 tomates
2 citrons
8 petits oignons
5 cuil. à soupe d'huile d'olive
sel, poivre

Couper la lotte en 16 morceaux et enrouler chaque morceau d'une tranche de lard.

Sur les brochettes, enfiler successivement 1 quartier de tomate, 2 noix de lotte, une feuille de laurier, 1 oignon et 1 quartier de citron.

Recommencer l'opération encore une fois pour finir la brochette. Saler, poivrer. Faire cuire ces brochettes pendant 15 mn au gril en les badigeonnant d'huile d'olive. Servir chaud, décoré de persil haché.

Ballotins de sandre au chou

Pour 4 personnes

Préparation : 25 mn
Cuisson : 20 mn

Ingrédients :

500 g de filets de sandre
250 g de fromage blanc
4 blancs d'œufs
1 chou vert
sel, poivre

Mixer les filets de sandre et les mélanger au fromage blanc. Battre les blancs d'œufs en neige et les ajouter à la préparation précédente de manière à obtenir un mélange homogène. Assaisonner de sel et de poivre.

Diviser la farce en quatre, poser chaque portion sur une feuille d'aluminium huilée, les fermer et les rouler en ballotins. Puis, les faire cuire à la vapeur pendant 10 mn, à l'autocuiseur.

Laver le chou, en ôter le cœur et séparer les feuilles. Saler, poivrer et faire cuire à la vapeur pendant 10 mn.

Disposer les feuilles de chou sur une assiette et poser les ballotins de sandre (débarrassés du papier aluminium) dessus.

Ce plat peut être éventuellement servi avec un coulis de tomates.

Maquereaux au poireaux

Pour 4 personnes

Préparation : 30 mn
Cuisson : 10 mn

Ingrédients :

4 maquereaux de 300 g
1/2 l de vin blanc
4 blancs de poireaux
100 g de crème fraîche allégée
1 cuil. à soupe de persil haché
huile d'olive
sel, poivre

Nettoyer les maquereaux et les faire pocher dans le vin blanc, chaud, pendant 5 mn.

Laver les poireaux et les découper en fines rondelles. Les faire ensuite revenir à la poêle avec 2 cuil. à soupe d'huile d'olive, puis ajouter un peu de vin blanc et laisser mijoter, à couvert, pendant 5 mn.

Ajouter la crème fraîche, saler et poivrer juste avant de retirer du feu. Servir le poisson décoré de persil haché et garni de poireaux.

Filets de sole à la purée d'aubergines

Pour 4 personnes

Préparation : 20 mn
Cuisson : 30 mn

Ingrédients :

4 filets de sole de 150 g
court-bouillon (1 à 2 louches)
1 kg d'aubergines
1 citron
10 cl d'huile d'olive
4 feuilles de basilic
sel, poivre

Faire griller les aubergines au four (position gril), pendant 30 minutes, en les retournant en cours de cuisson, de manière à ce que toute la peau soit bien grillée (presque brûlée).

Enlever la peau et les graines et mixer la chair avec l'huile d'olive, le jus de citron, le basilic, le sel et le poivre.

Disposer les filets dans un plat allant au four. Arroser de court-bouillon et faire cuire à four chaud (th. 6), 200 °C, pendant 5 à 7 mn.

Disposer les filets de sole dans un plat chaud et servir la purée d'aubergines autour.

Suggestions :

On peut servir des épinards comme garniture supplémentaire.

Soles panées au parmesan

Pour 4 personnes

Préparation : 5 mn
Cuisson : 10 mn

Ingrédients :

4 soles moyennes
2 cuil. à soupe d'huile d'olive
40 g de parmesan râpé
1 citron
poivre

Vider et peler les soles. Préparer la panure en déposant le parmesan râpé et le poivre dans une assiette.

Rouler les soles dedans de manière à les recouvrir complètement.

Faire cuire à feu moyen dans l'huile d'olive, 3 à 4 mn de chaque côté. Servir aussitôt avec un jus de citron.

Sole normande

Pour 6 personnes

Préparation : 5 mn
Cuisson : 20 mn

Ingrédients :

6 gros filets de sole
1 sachet de court-bouillon instantané
100 g de crevettes roses décortiquées
1 boîte de 125 g de champignons de Paris
1 jaune d'œuf
1 petit pot de crème fraîche allégée
1 citron
sel, poivre

Préparer le court-bouillon suivant le mode d'emploi. Y faire pocher les filets de sole pendant 10 mn, les égoutter et les réserver au chaud, à part.

Mélanger les crevettes, les champignons de Paris égouttés, la crème fraîche et le jus de citron.

Faire chauffer à feu doux pendant quelques minutes et incorporer le jaune d'œuf hors du feu. Mélanger et assaisonner avec du sel et du poivre.

Servir les filets accompagnés de la sauce.

Thon grillé au lard

Pour 6 personnes

Préparation : 5 mn
Cuisson : 30 mn

Ingrédients :

1 filet de thon de 1,2 kg
12 tranches très fines de lard fumé
1 cuil. à soupe d'huile d'olive
sel, poivre

Enrouler le thon dans les tranches de lard fumé et le ficeler de manière à former un tournedos géant.

Le badigeonner d'huile d'olive de chaque côté et l'assaisonner de sel et de poivre.

Faire cuire au gril chaud pendant 15 mn, sur chaque face. Servir aussitôt.

Truite à la tomme de Savoie

Pour 4 personnes

Préparation : 15 mn
Cuisson : 25 mn

Ingrédients :

4 truites de 250 à 300 g chacune
8 tranches de tomme de Savoie de 5 mm d'épaisseur
1 petite boîte de tomates pelées
5 dl d'huile d'olive
1 gousse d'ail
100 g d'oignons
20 g de basilic
50 g de persil

Éplucher l'ail et l'oignon, et les hacher finement. Mixer les tomates. Faire revenir l'ail, l'oignon et les tomates dans l'huile d'olive, à feu vif, quelques minutes. Assaisonner de sel et de poivre.

Nettoyer les truites et les déposer dans un plat allant au four. Verser la sauce tomate dessus, couvrir d'une feuille de papier d'aluminium et enfourner à 200 °C (th. 6) pendant 25 mn.

10 mn avant la fin de la cuisson, déposer 2 tranches de tomme sur chaque truite.

Servir décoré de persil et de basilic hachés.

Flans de turbot au coulis de cresson

Pour 4 personnes

Préparation : 15 mn
Cuisson : 1 h 15

Ingrédients :

500 g de filets de turbot
8 langoustines
1 botte de cresson
20 cl de crème fleurette allégée
50 cl de crème fraîche épaisse allégée
2 œufs
2 blancs d'œufs
1 bouquet garni
1 sachet de court-bouillon
sel, poivre

Faire cuire les filets de poisson au court-bouillon avec le bouquet garni, le sel et le poivre, pendant 20 mn, puis les égoutter. Faire cuire les langoustines pendant 2 mn dans l'eau bouillante et les décortiquer.

Mixer les filets de turbot, battre les œufs en omelette et les mélanger au poisson. Ajouter la crème fraîche épaisse et 5 cl de court-bouillon préablement filtré. Battre les blancs en neige et les ajouter délicatement au mélange de manière à obtenir une mousse homogène.

Beurrer quatre ramequins et déposer deux langoustines au fond. Verser le mélange à base de turbot et faire cuire au bain-marie, à four moyen (th 4-5), 150 °C, pendant 20 mn, couvert d'un papier d'aluminium.

Nettoyer le cresson et le faire blanchir 5 mn dans de l'eau bouillante. L'égoutter, le mixer et le passer au tamis.

Juste avant le service, faire chauffer, à feu doux, sans la faire bouillir, la purée de cresson mélangée avec la crème fleurette. Saler et poivrer. Démouler les flans de turbot dans les assiettes et servir avec le coulis de cresson.

Soufflé au poisson

Pour 4 personnes

Préparation : 15 mn
Cuisson : 40 mn

Ingrédients :

600 g d'aiglefin (ou de lieu)
4 œufs
1 verre de lait ou de crème fleurette allégée
sel, poivre, muscade

Faire cuire les poissons à la vapeur pendant 6 à 8 mn. Les laisser refroidir, les émietter et les mélanger avec les jaunes d'œufs, le lait ou la crème fleurette tiède. Assaisonner avec du sel, du poivre et de la noix de muscade.

Battre les blancs en neige bien ferme et les ajouter à la préparation précédente.

Verser le tout dans un moule à soufflé légèrement beurré, et faire cuire au four à 210 °C (th 6-7), pendant 30 mn.

Servir sans attendre.

Mouclade au curry

Pour 6 personnes

Préparation : 20 mn
Cuisson : 20 mn

Ingrédients :

2 l de moules
5 cl d'huile d'olive
10 cl de lait
100 g de champignons de Paris en boîte
3 échalotes
4 jaunes d'œufs
1 cuil. à café de curry
1 citron
1 bouquet garni
sel, poivre
1 pot de 25 cl de crème fraîche allégée
1 verre de vin blanc sec

Faire ouvrir les moules à feu vif, avec le vin blanc et le bouquet garni. Retirer les coquilles supérieures et maintenir au chaud dans un plat creux. Filtrer le jus de cuisson et le mettre de côté.

Émincer les échalotes, les faire revenir dans l'huile d'olive, sans leur permettre de prendre couleur. Réduire les champignons en purée en les passant au mixeur, et les ajouter aux échalotes. Remuer puis verser le lait chaud, le jus de cuisson et les jaunes d'œufs.

Assaisonner avec le sel, le poivre, le curry et le jus de citron. Laisser cuire 10 mn en remuant continuellement, incorporer ensuite la crème. Verser la préparation sur les moules.

Mettre à four chaud pendant 10 à 20 mn et servir immédiatement.

Gambas sautées et ratatouille

Pour 4 personnes

Préparation : 20 mn
Cuisson : 20 mn

Ingrédients :

24 gambas
1 aubergine
2 courgettes
3 tomates
1/2 poivron rouge
1/2 poivron vert
1/2 poivron jaune
2 gousses d'ail
3 branches de persil
graines de coriandre
1 cuil. à soupe de gros sel
3 cuil. à soupe d'huile d'olive

Ébouillanter les tomates pendant 30 secondes, les peler et les épépiner. Épépiner et couper les poivrons en petits dés, sans les peler. Couper les aubergines et les courgettes en petits dés.

Dans une poêle (anti-adhésive) faire suer chaque légume séparément en couvrant (les poivrons peuvent cuire ensemble), à feu doux, pendant 10 mn.

Hacher la gousse d'ail et le persil. Rassembler tous les légumes dans une sauteuse et les faire revenir à feu vif avec 1 cuil. à soupe d'huile d'olive pendant 1 à 2 mn.

Décortiquer les gambas crues et en retirer la queue et la tête. Faire chauffer deux cuil. à soupe d'huile d'olive avec le gros sel et les faire revenir, à feu vif, pendant 2 mn.

Les retourner et les saupoudrer d'ail et de persil hachés. Ajouter les graines de coriandre et laisser encore 1 mn.

Présenter dans une assiette 5 à 6 gambas avec un peu de ratatouille.

Suggestions :

L'utilisation de gambas surgelées est tout à fait possible.

Langoustines à la grecque

Pour 6 à 8 personnes

Préparation : 15 mn
Cuisson : 40 mn

Ingrédients :

36 à 48 langoustines
2 boîtes 4/4 de tomates pelées
120 g de feta
2 oignons hachés
1 gros bouquet de persil
2 dl de vin blanc sec
2 cuil. à soupe d'huile d'olive
1 cuil. à café d'origan
sel, poivre

Décortiquer les langoustines en ne gardant que la queue, les rincer à l'eau courante et les essuyer avec du papier absorbant.

Faire revenir les oignons avec l'huile d'olive à feu doux et ajouter les tomates égouttées, le vin blanc, la moitié du persil haché, l'origan, le sel et le poivre.

Laisser mijoter, à découvert, jusqu'à ce que le liquide soit évaporé. Faire dorer les langoustines à la poêle avec le reste d'huile d'olive et les égoutter.

Les ajouter aux tomates petit à petit et les parsemer de feta finement émincée. Laisser cuire en mélangeant avec précaution pendant 5 mn.

Servir décoré de persil haché.

LES ACCOMPAGNEMENTS DE LÉGUMES VERTS

Soufflé aux poireaux

Pour 5 personnes

Préparation : 20 mn
Cuisson : 35 mn

Ingrédients :

1 kg de blancs de poireaux
500 g de fromage blanc
100 g d'emmenthal râpé
15 cl de crème fraîche allégée
6 jaunes d'œufs
6 blancs d'œufs
noix de muscade
huile d'olive
sel, poivre blanc

Laver et éplucher les blancs de poireaux puis les couper en rondelles. Les blanchir dans de l'eau bouillante salée pendant 1 mn. Bien les égoutter.

Mélanger le fromage blanc avec la crème fraîche, ajouter les jaunes d'œufs puis la moitié de l'emmenthal râpé. Assaisonner de sel, de poivre et de noix de muscade. Ajouter ensuite les blancs d'œufs battus en neige bien ferme.

Huiler un moule à soufflé, y verser la moitié de la préparation, puis les poireaux. Recouvrir enfin le tout avec le reste de la préparation et saupoudrer d'emmenthal râpé.

Recouvrir d'une feuille de papier aluminium et enfourner à 200 °C (th. 6) pendant 20 mn. Retirer ensuite la feuille de papier aluminium et laisser au four encore 15 mn.

Servir aussitôt.

Purée de poireaux

Pour 6 personnes

Préparation : 10 mn
Cuisson : 25 mn

Ingrédients :

2 kg de poireaux
200 g de crème fraîche allégée
1 jus de citron
sel, poivre.

Laver et éplucher les poireaux puis les couper en rondelles. Les faire cuire dans de l'eau bouillante salée pendant 20 mn environ. Bien les égoutter.

Mixer les poireaux en fine purée et la passer dans un filtre, de manière à en éliminer l'eau.

Mettre cette purée sur feu doux, ajouter le jus de citron, saler et poivrer, puis incorporer la crème fraîche en fouettant de manière à obtenir une mousse légère.

Servir chaud.

Suggestions :

Cette purée peut accompagner poissons ou viandes blanches et peut également être réalisée avec des épinards, du chou-fleur, des brocolis, des courgettes, du céleri, des navets, des champignons, de la citrouille et des haricots verts...

Gratinée de champignons

Pour 8 personnes

Préparation : 15 mn
Cuisson : 20 mn

Ingrédients :

1,5 kg de champignons de Paris, frais
1 citron et demi
5 jaunes d'œufs
300 g de crème fraîche allégée
150 g de gruyère râpé
huile d'olive
sel, poivre
noix de muscade

Équeuter les champignons et les laver à l'eau courante. Les faire égoutter en les citronnant pour éviter qu'ils ne noircissent. Les couper en lamelles fines et les faire revenir à la poêle, dans l'huile d'olive, à feu doux, pendant 15 mn.

Dans un bol, mélanger les jaunes d'œufs et la crème fraîche, saler, poivrer et râper de la noix de muscade.

Répartir les champignons dans un plat allant au four et verser le mélange œufs-crème fraîche dessus.

Saupoudrer de gruyère râpé et enfourner à 270 °C (th. 8) pour faire gratiner.

Servir aussitôt.

Mousseline de laitue à l'oseille

Pour 4 personnes

Préparation : 20 mn
Cuisson : 30 mn

Ingrédients :

3 cœurs de laitues
2 bottes d'oseille
3 oignons
150 g de crème fraîche épaisse allégée
1 cuil. à soupe d'huile d'olive
sel, poivre

Laver les feuilles des laitues et de l'oseille et les essorer. Retirer les grosses côtes des feuilles d'oseille, couper la laitue et l'oseille en grosses lamelles.

Émincer les oignons et les faire revenir dans l'huile d'olive, à feu vif, pendant 5 mn. Ajouter ensuite la laitue, l'oseille, et laisser cuire à feu doux, couvert, pendant 15 mn.

Retirer alors le couvercle et augmenter le feu de manière à ce que l'excès d'eau puisse s'évaporer.

Juste avant de servir, passer le tout au mixeur, ajouter la crème, saler et poivrer.

Suggestions :

Accompagne très bien les poissons ou les viandes blanches.

Aubergines farcies tomates et mozzarella

Pour 4 personnes

Préparation : 10 mn
Cuisson : 40 mn

Ingrédients :

2 aubergines
2 tomates
200 g de mozzarella
4 filets d'anchois
1/2 cuil. à café d'origan
sel, poivre

Couper les aubergines en deux et les envelopper dans du papier aluminium. Les faire cuire à four moyen, 190 °C (th. 5-6), pendant 30 mn.

Plonger les tomates dans de l'eau bouillante pendant 30 secondes, les peler, les épépiner et les couper en dés.

Disposer les aubergines dans un plat allant au four, les farcir avec les dés de tomates, saler, poivrer, puis les recouvrir de lamelles de mozzarella et d'un filet d'anchois.

Ajouter enfin l'origan et enfourner à 250 °C (th. 7-8) pendant 7 à 10 mn jusqu'à ce que le fromage soit fondu et doré.

Servir aussitôt.

Brocolis aux amandes effilées

Pour 4 personnes

Préparation : 15 mn
Cuisson : 15 mn

Ingrédients :

800 g de brocolis
1 oignon
30 g d'amandes effilées
3 tomates
persil haché
sel, poivre
2 cuil. à soupe d'huile d'olive

Laver les brocolis et les faire cuire dans de l'eau bouillante salée pendant 10 mn.

Ébouillanter les tomates pendant 30 secondes, les peler, les épépiner et les couper en morceaux. Les faire revenir dans une casserole, dans l'huile d'olive, avec l'oignon émincé et l'ail écrasé.

Ajouter les amandes effilées, assaisonner de sel et de poivre, puis faire cuire pendant 15 mn.

Égoutter les brocolis et les servir avec la sauce aux amandes, décorer de persil haché.

Fonds d'artichauts aux champignons

Pour 4 personnes

Préparation : 15 mn
Cuisson : 40 mn

Ingrédients :

8 fonds d'artichauts
4 gousses d'ail
2 citrons
250 g de champignons de Paris, frais
huile d'olive
sel, poivre

Laver, équeuter et couper les champignons en fines lamelles. Les citronner pour éviter qu'ils ne noircissent.

Les faire revenir à la poêle avec 1 cuil. à soupe d'huile d'olive et l'ail écrasé, pendant 10 mn. Assaisonner de sel et de poivre.

Faire cuire les fonds d'artichauts à la vapeur pendant 30 mn (compter 15 mn à la cocotte minute). Les farcir avec les champignons et les servir décorés de persil haché.

Artichauts gratinés

Pour 6 personnes

Préparation : 10 mn
Cuisson : 1 h 30 mn

Ingrédients :

6 artichauts
1 oignon
1/2 l de bouillon de viande
1 petite boîte de pointes d'asperges
120 g de fromage blanc à 20 % de matière grasse
60 g d'emmenthal râpé
huile d'olive
sel, poivre

Laver les artichauts et les faire cuire dans de l'eau bouillante salée pendant 20 mn. Les égoutter, les éplucher et ôter le foin de manière à ne conserver que les fonds.

Faire revenir ces fonds d'artichauts, pendant quelques minutes, à feu vif, dans 3 cuil. à soupe d'huile d'olive, avec l'oignon émincé.

Ajouter le bouillon de viande, saler, poivrer et laisser cuire pendant 30 mn.

Égoutter les pointes d'asperges et les faire revenir à feu vif dans 1 cuil. à soupe d'huile d'olive pendant 5 mn.

Disposer les fonds d'artichauts dans un plat à gratin, ajouter les pointes d'asperges et le fromage blanc par-dessus, et saupoudrer d'emmenthal râpé.

Faire gratiner au four (position gril) pendant 10 mn.

Servir sans attendre.

Suggestions :

Vous pouvez également utiliser des fonds d'artichauts en boîte, prêts à l'emploi.

Courgettes farcies au fromage blanc

Pour 4 personnes

Préparation : 20 mn
Cuisson : 40 mn

Ingrédients :

4 petites courgettes
80 g de fromage blanc maigre
2 blancs d'œufs
5 cl de lait demi-écrémé
5 cl de crème fleurette allégée
3 échalotes
huile d'olive
sel, poivre, noix de muscade

Laver les courgettes, les couper en deux et les épépiner. Les creuser légèrement, récupérer un peu de leur chair et la mettre de côté. Les faire blanchir dans de l'eau bouillante salée pendant 3 mn.

Faire revenir les échalotes émincées et la chair de courgette préalablement mise de côté dans 2 cuil. à soupe d'huile d'olive. Laisser mijoter à feu foux pendant 5 mn.

Ajouter ensuite le lait et la crème, assaisonner avec le sel, le poivre et la noix de muscade, puis laisser encore 10 mn. Retirer du feu et laisser refroidir un petit moment.

Monter les blancs en neige et les incorporer au mélange, ainsi que le fromage blanc.

Farcir les courgettes avec cette préparation et les disposer dans un plat à gratin légèrement huilé. Verser également un peu d'huile d'olive sur les courgettes pour éviter qu'elles ne se dessèchent.

Faire cuire au four à 200 °C (th. 6) pendant 20 mn.

Servir chaud.

Tomates farcies aux champignons

Pour 4 personnes

Préparation : 15 mn
Cuisson : 20 mn

Ingrédients :

8 tomates
1 grosse boîte de champignons de Paris
100 g de fromage blanc 0 % de matière grasse
ciboulette
sel, poivre

Laver les tomates et couper le haut pour les évider. Les faire égoutter en les retournant. Égoutter également les champignons et les mixer en purée avec la chair des tomates.

Ajouter le fromage blanc à cette préparation et l'assaisonner de sel, de poivre et de ciboulette hachée.

Farcir les tomates avec cette préparation et les mettre à four chaud à 200 °C (th. 6) pendant 20 mn.

Servir aussitôt.

Suggestions :

Ce plat peut également être réalisé avec des aubergines.

Endives aux anchois

Pour 4 personnes

Préparation : 10 mn
Cuisson : 15 mn

Ingrédients :

8 petites endives
1 filet d'anchois
1 dl de vin blanc sec
1 gousse d'ail
2 cuil. à soupe de vinaigre d'estragon
5 cuil. à soupe d'huile d'olive
sel, poivre

Couper le pied des endives et faire revenir les endives dans 1 cuil. à soupe d'huile d'olive, à feu moyen, pendant 5 mn.

Ajouter ensuite le vin blanc, saler, poivrer, puis laisser encore étuver pendant 10 mn. Sortir les endives du feu et les conserver, à part, au chaud.

Écraser l'ail avec le filet d'anchois, ajouter le vinaigre, l'huile, le poivre et 2 cuil. à soupe du jus de cuisson des endives.

Servir les endives nappées de cette sauce.

Céleris panés au parmesan

Pour 4 personnes

Préparation : 15 mn
Cuisson : 10 mn

Ingrédients :

2 petits céleris-raves
1 jus de citron
4 jaunes d'œufs
25 cl de crème fraîche allégée
400 g de parmesan râpé
huile d'olive
sel, poivre, noix de muscade

Éplucher et couper le céleri en grosses rondelles. Les faire blanchir dans de l'eau bouillante salée et citronnée pendant 5 mn. Les égoutter et les poser sur du papier absorbant.

Battre les jaunes d'œufs en omelette et y ajouter la crème fraîche. Assaisonner de sel, de poivre et de noix de muscade.

Tremper les rondelles de céleri dans ce mélange puis les rouler dans le parmesan râpé.

Les faire dorer à la poêle, à feu vif, dans l'huile d'olive. Puis, les poser sur du papier absorbant pour éliminer l'excès de graisse.

Servir chaud.

Flan de légumes à la provençale

Pour 4 personnes

Préparation : 15 mn
Cuisson : 30 mn

Ingrédients :

500 g de courgettes
4 œufs
2 poivrons rouges
1 tomate
1 oignon
100 g de gruyère râpé
4 cuil. à soupe de lait demi-écrémé
2 cuil. à soupe d'huile d'olive
sel, poivre

Laver et couper les courgettes en petits morceaux sans les éplucher. Laver et épépiner les poivrons puis les couper en petits dés. Ébouillanter les tomates pendant 30 secondes, les peler, les épépiner et les couper en petits dés. Éplucher l'oignon et l'émincer.

Faire revenir tous les légumes à la poêle, à feu vif, dans l'huile d'olive, pendant 20 mn. Assaisonner de sel et de poivre.

Battre les œufs en omelette et ajouter le lait avec le gruyère râpé. Assaisonner avec du sel et du poivre.

Ajouter ensuite tous les légumes, bien mélanger et verser dans un moule.

Faire cuire au bain-marie, au four, à 200 °C (th. 6) pendant 30 mn. Servir chaud ou éventuellement froid avec un coulis de tomates.

Céleris sautés à la graisse d'oie

Pour 4 personnes

Préparation : 15 mn
Cuisson : 10 mn

Ingrédients :

2 petits céleris-raves
1 jus de citron
1 cuil. à soupe de graisse d'oie

Éplucher et couper les céleris en dés. Les faire blanchir dans de l'eau bouillante, salée et citronnée, pendant 5 mn.

Bien les égoutter, puis les poser sur un papier absorbant. Les faire ensuite dorer à la poêle, à feu vif, dans la graisse d'oie.

Les poser sur du papier absorbant pour les dégraisser. Saler et servir chaud.

Recommandations :

Particulièrement conseillé pour accompagner le confit d'oie ou de canard.

Frites de céleris

Pour 4 personnes

Préparation : 15 mn

Ingrédients :

2 petits céleris-raves
1 jus de citron
huile de tournesol
(pour la friture)

Éplucher les céleris et les couper en frites. Les faire blanchir dans de l'eau bouillante, salée et citronnée, pendant 5 mn. Bien les égoutter puis les poser sur du papier absorbant.

Les plonger dans un bain de friture d'huile de tournesol. Quand ils sont dorés, les égoutter et les poser sur un papier absorbant.

Saler et servir.

Suggestions :

Ces frites peuvent accompagner n'importe quelle viande rouge.

LES PLATS GLUCIDIQUES

Fèves aux artichauts

Pour 4 personnes

Préparation : 30 mn
Cuisson : 30 mn

Ingrédients :

1,5 kg de fèves fraîches
8 petits artichauts
2 jus de citron
15 échalotes
1 branche de thym
2 dl de vin blanc
4 grosses tomates
sel, poivre

Écosser les fèves et les faire cuire dans de l'eau bouillante pendant 15 mn. Les rafraîchir à l'eau froide, les fendre en deux et les éplucher.

Éplucher également les artichauts de manière à ne conserver que les fonds et les arroser avec le jus de citron pour éviter qu'ils ne noircissent.

Faire revenir les échalotes émincées dans une poêle anti-adhésive avec 1 jus de citron, à feu vif, pendant quelques minutes. Ajouter les fonds d'artichauts, le thym et le vin blanc.

Assaisonner avec du sel et du poivre, et laisser mijoter à feu doux 15 mn.

Tremper les tomates dans de l'eau bouillante pendant 30 secondes, de manière à les peler plus facilement. Les couper en quartiers et les épépiner.

Les ajouter à la préparation précédente et aux fèves et laisser encore mijoter, à découvert, pendant quelques minutes, pour faire évaporer l'eau.

Purée de pois cassés

Pour 4 personnes

Préparation : 12 h 20 mn
Cuisson : 1 h

Ingrédients :

300 g de pois secs
1 oignon piqué de 3 clous de girofle
1 feuille de laurier
1 bouquet garni (1 branche de marjolaine, 1 de thym, 3 de persil)
50 g de fromage blanc à 0 %
noix de muscade
gros sel
sel, poivre

Faire préalablement tremper les pois cassés dans l'eau froide pendant la nuit. Les mettre dans une cocotte avec le gros sel, l'oignon, le bouquet garni, et recouvrir le tout d'eau froide.

Faire bouillir, puis baisser le feu de cuisson de manière à laisser mijoter pendant 1 h.

Égoutter les pois cassés, les mixer en purée, puis les passer au tamis. Ajouter le fromage blanc, sur feu très doux, sans jamais faire bouillir.

Assaisonner avec la noix de muscade, le sel et le poivre.

Servir aussitôt.

Lentilles à la tomate

Pour 4 personnes

Préparation : 2 h 15 mn
Cuisson : 1 h

Ingrédients :

400 g de lentilles vertes
1 oignon
1 cuil. à soupe de persil
1 gousse d'ail
200 g de céleri en branches
1 jus de citron
1 branche de thym
6 tomates
sel, poivre

Faire tremper les lentilles dans l'eau froide pendant 12 h. Les faire cuire dans de l'eau salée pendant 35 mn puis les égoutter.

Dans une poêle anti-adhésive, mettre le jus de citron et faire revenir l'oignon émincé, le persil, l'ail haché, le céleri épluché (coupé en fines lanières) et le thym. Les assaisonner de sel et de poivre et les ajouter aux lentilles.

Faire tremper les tomates dans de l'eau bouillante pendant 30 secondes pour les peler plus facilement. Les couper en quartiers, les épépiner et les ajouter à la préparation précédente.

Mettre la préparation dans un plat à gratin et enfourner à 130 °C (th. 4) pendant 20 mn.

Servir sans attendre.

Riz intégral gratiné aux aubergines

Pour 4 personnes

Préparation : 20 mn
Cuisson : 50 mn

Ingrédients :

200 g de riz intégral
2 aubergines
500 g de tomates
2 oignons
2 gousses d'ail
1 jus de citron
2 cuil. à café de thym
10 cl de bouillon de viande
sel, poivre

Faire cuire le riz intégral dans de l'eau bouillante salée pendant 35 à 40 mn et l'égoutter. Laver les aubergines et les couper en rondelles. Les faire dégorger avec du gros sel, pendant 20 mn, puis les essuyer avec du papier absorbant.

Dans une poêle anti-adhésive, faire revenir les oignons émincés et l'ail écrasé dans le jus de citron pendant quelques minutes. Assaisonner avec du sel, du poivre et du thym.

Faire revenir séparément les aubergines et les tomates coupées en rondelles dans une poêle anti-adhésive couverte.

Verser alternativement, dans un plat allant au four, une couche de riz, une couche d'aubergines et une couche d'oignons. Ajouter le bouillon de viande et enfourner à 190 °C (th. 5-6) pendant 30 mn.

Servir chaud.

Spaghetti intégral aux courgettes

Pour 4 personnes

Préparation : 10 mn
Cuisson : 10 mn

Ingrédients :

250 g de fromage blanc à 0 %
2 cuil. à soupe de basilic haché
2 cuil. à café de moutarde de Dijon
500 g de courgettes
1 jus de citron
400 g de spaghettis intégraux secs
sel, poivre

Laver les courgettes et les couper en dés. Dans une poêle anti-adhésive, les faire revenir à couvert dans le jus de citron jusqu'à ce qu'elles soient bien tendres. Assaisonner de sel et de poivre.

Dans une casserole, faire chauffer le fromage blanc à feu doux, avec la moutarde et le basilic.

Faire cuire les spaghetti intégral dans de l'eau bouillante salée pendant 3 mn (si les pâtes sont fraîches), pendant 12 mn si elles sont sèches, puis les égoutter.

Déposer les spaghetti dans chaque assiette, mettre les courgettes autour et servir aussitôt avec la sauce.

Suggestions :

Les spaghetti et plus particulièrement les tagliatelles peuvent être accompagnées d'une sauce aux champignons dont voici les ingrédients : purée de champignons, fromage blanc à 0 %, ail, estragon, sel et poivre.

RECETTES PHASE II

Dans la « méthode MONTIGNAC », la phase II est le prolongement naturel de la phase I et permet d'adopter un rythme de croisière.

Elle se conçoit en quelque sorte comme une phase I bénéficiant d'une plus grande marge de tolérance. On se montre moins sélectif, ce qui contribue à réintégrer définitivement certains aliments comme le foie gras, les coquilles Saint-Jacques, le chocolat ou encore les avocats.

La phase II est aussi celle des écarts qu'il va falloir gérer astucieusement. Mais, là encore, une distinction doit être faite, car il y a écart et écart. Il y a les tout petits écarts comme le petit salé aux lentilles, le gigot flageolets, les pâtes intégrales à la bolognaise ou encore les desserts au chocolat amer. Et puis, il y a les grands écarts comme l'entrecôte frites, la paëlla au riz blanc ou le baba au rhum.

Nous n'avons sélectionné dans ce chapitre que les premiers, car les seconds correspondent à une alimentation nutritionnellement perverse. Même si elle est acceptable dans le cadre d'une bonne gestion des écarts, elle n'est de toute manière pas conseillée compte tenu de nos principes généraux.

LES ENTRÉES

Bavarois à l'avocat

Pour 6 personnes

Préparation : 30 mn
Cuisson : 10 mn
Réfrigération : 6 h

Ingrédients :

6 avocats
2 tomates
2 citrons
7 jaunes d'œufs
4 grandes feuilles de gélatine
40 cl de lait demi-écrémé
sel, poivre

Ébouillanter les tomates pendant 30 secondes, les peler, les épépiner et les couper en dés. Puis, les faire dégorger avec du gros sel.

Faire une crème anglaise : saler et poivrer les jaunes d'œufs, les battre et verser, petit à petit, le lait tiède préalablement porté à ébullition en fouettant vigoureusement. Remettre le tout à cuire 8 à 10 mn à feu très doux, en remuant jusqu'à ce que la crème épaississe. Retirer du feu et incorporer les feuilles de gélatine préalablement ramollies dans de l'eau froide et essorées.

Couper 3 avocats, en récupérer la chair. L'arroser de jus de citron et l'incorporer à la crème anglaise. Incorporer les dés de tomates bien égouttés. Couper la chair des 3 autres avocats en morceaux. Les arroser de jus de citron et les mettre de côté.

Verser la moitié de la préparation dans un moule à cake. La faire prendre au réfrigérateur pendant 10 mn, la sortir et répartir les morceaux d'avocats coupés, préalablement mis de côté.

Recouvrir le tout avec le reste de la préparation et remettre au réfrigérateur 6 h. Démouler et servir froid avec éventuellement, un coulis de tomates.

Terrine de fromage aux noix

Pour 4 personnes

Préparation : 15 mn
Réfrigération : 6 h

Ingrédients :

150 g de fromage blanc (non battu) et bien égoutté
100 g de crème de gruyère (ou fromage du même type)
150 g de roquefort
8/10 tranches de mozzarella
100 g de noix décortiquées
2 cuil. à soupe d'huile d'olive vierge
sel, poivre, basilic frais

Mixer le fromage blanc et la crème de gruyère pour obtenir une crème fine. Assaisonner de sel et de poivre. Mélanger à part le roquefort et l'huile d'olive.

Tapisser un moule à cake de papier aluminium et y placer, en alternance, une tranche de mozzarella (saler, poivrer, parsemer de basilic), une couche de crème de fromage, une couche de roquefort à l'huile d'olive et des noix concassées jusqu'à ce que le moule soit rempli.

Terminer par une couche de mozzarella et un tapis de basilic. Presser le tout avec un léger poids et faire prendre au réfrigérateur pendant au moins 6 heures.

Démouler et servir bien frais.

Suggestions :

Peut s'accompagner éventuellement d'un coulis de tomates fraîches additionné de cerfeuil, de ciboulette, de persil ou de basilic.

Terrine de foie gras

Pour 5 personnes

Préparation : 10 mn
Cuisson : 45 mn

Ingrédients :

1 kg de foie de canard frais
10 cl de porto blanc
sel, poivre
noix de muscade

Faire dégorger le foie dans de l'eau glacée pendant 6 h au réfrigérateur (l'eau doit recouvrir le foie en totalité).

Le dénerver puis l'assaisonner avec le porto blanc, le sel, le poivre et la noix de muscade. Le déposer dans une terrine et le presser pour qu'il en prenne la forme.

Le faire cuire au bain-marie, recouvert d'une feuille de papier aluminium, à four doux, 100 °C-120 °C (th. 3-4) pendant 35 mn.

Suggestions :

A la place du porto, on peut également utiliser de l'armagnac ou du sauterne.

Avocats au fromage frais

Pour 6 personnes

Préparation : 20 mn

Ingrédients :

3 gros avocats mûrs
200 g de fromage frais à 40 % de matière grasse
1 yaourt nature entier
1 petite gousse d'ail
1 petit bouquet de persil
1 petite botte de ciboulette
1 petit bouquet d'aneth
2 blancs d'œufs
jus de citron
huile d'olive
sel, poivre

Couper les avocats en deux et en retirer le noyau. Mélanger le yaourt avec le fromage frais, l'ail écrasé et les fines herbes hachées.

Assaisonner avec un filet de jus de citron, l'huile d'olive, le sel et le poivre.

Monter les blancs en neige et les incorporer à ce mélange afin d'obtenir une mousse.

Garnir les avocats de cette préparation et servir frais.

Salade tropicale

Pour 6 personnes

Préparation : 15 mn

Ingrédients :

5 tomates
1 boîte 4/4 de cœurs de palmier
3 avocats
100 g d'olives noires

vinaigrette :

1 cuil. à soupe de moutarde
1 1/2 verre d'huile d'olive
1/3 verre de vinaigre de Xérès
1 citron
sel, poivre

Laver et couper les tomates en quartiers. Couper les cœurs de palmier en rondelles assez épaisses.

Éplucher les avocats, les couper en morceaux et les arroser de jus de citron pour éviter qu'ils ne noircissent.

Préparer la vinaigrette et assaisonner tous les ingrédients précédents.

Servir frais et décorer avec les olives noires.

Salade au foie gras

Pour 6 personnes

Préparation : 40 mn
Cuisson : 30 mn

Ingrédients :

1/2 kg de haricots verts fins, frais
1/2 kg d'asperges vertes
2 fonds d'artichauts crus
1 chicorée frisée
6 tranches de foie gras (de 70 g)

vinaigrette :

6 cuil. à soupe d'huile de tournesol
vinaigre de Xérès
sel, poivre

Citronner les fonds d'artichauts crus, les faire cuire à l'eau et les couper en morceaux.

Faire cuire les haricots verts dans de l'eau salée, de manière à ce qu'ils restent fermes et les égoutter. Éplucher et faire cuire les asperges de la même façon, puis les égoutter. Mélanger tous les légumes refroidis. Laver et essorer la salade.

Préparer une vinaigrette avec 6 cuil. à soupe d'huile de tournesol, 2 cuil. à soupe de vinaigre de Xérès, du sel et du poivre.

Assaisonner les légumes. Disposer sur chaque assiette deux à trois belles feuilles de salade, de la salade de légumes et une tranche de foie gras.

Servir aussitôt.

Suggestions :

Vous pouvez utiliser des fonds d'artichauts en boîte, il n'y aura alors pas de cuisson.

Salade aux noix de Saint-Jacques

Pour 4 personnes

Préparation : 30 mn

Ingrédients :

1 salade frisée
1 batavia
50 g de pistaches sèches
4 fonds d'artichauts cuits
350 g de noix de Saint-Jacques cuites et décortiquées
200 g de châtaignes au naturel
250 g de vinaigrette : huile d'olive et vinaigre
estragon, ciboulette
sel, poivre

Laver et essorer les salades. Hacher les pistaches et les mélanger à la vinaigrette. Couper les fonds d'artichauts en lamelles et les passer dans la vinaigrette.

Découper les noix de Saint-Jacques en tranches, les assaisonner avec du sel, du poivre, de la vinaigrette, et les laisser mariner pendant 15 mn.

Mélanger la salade avec la vinaigrette et les châtaignes découpées en petits morceaux. Déposer les noix de Saint-Jacques par-dessus et décorer avec les fonds d'artichauts, l'estragon et la ciboulette hachée.

Salade de choucroute et noix de Saint-Jacques

Pour 4 personnes

Préparation : 10 mn
Cuisson : 7 mn

Ingrédients :

600 g de choucroute crue
12 pointes d'asperges
8 noix de Saint-Jacques crues
1 jus de citron
3 cuil. à soupe d'huile d'olive
cerfeuil, sel, poivre

Faire mariner la choucroute avec le jus de citron, le sel, le poivre et l'huile d'olive. Faire cuire les pointes d'asperges à la vapeur pendant 7 mn ou dans de l'eau bouillante salée pendant 5 mn.

Couper les noix de Saint-Jacques en deux et les faire revenir à la poêle, à feu vif, 1 mn de chaque côté. Assaisonner avec du sel et du poivre.

Disposer la choucroute dans les assiettes, déposer les noix de Saint-Jacques dessus, ainsi que les pointes d'asperges.

Servir, décoré de cerfeuil.

Salade de lentilles au haddock

Pour 4 personnes

Préparation : 20 mn
Cuisson : 30 mn

Ingrédients :

200 g de lentilles vertes
250 g de haddock frais
1 oignon, 1 bouquet garni,
1 clou de girofle
1/4 l de lait demi-écrémé
sel, poivre en grains

sauce :

4 cuil. à soupe d'huile d'olive
1 cuil. à soupe de vinaigre balsamique
1 cuil. à café de moutarde
sel, poivre, persil ou ciboulette

Faire tremper les lentilles dans l'eau pendant 12 h. Éplucher l'oignon et le piquer avec le clou de girofle. Dans une cocotte, mettre le bouquet garni avec l'oignon, ajouter les lentilles et le poivre en grains, puis couvrir le tout d'eau froide.

Porter à ébullition pendant 30 mn et assaisonner de sel après cuisson.

Faire dégorger le haddock dans du lait pendant 6 heures et l'égoutter. Porter le lait à ébullition et y plonger le haddock pendant 7-8 mn.

Préparer une sauce vinaigrette avec l'huile d'olive, le vinaigre, la moutarde et les épices. Égoutter les lentilles, découper le poisson en morceaux et mélanger le tout avant de servir.

Salade de haricots blancs et moules

Pour 6 personnes

Préparation : 25 mn
Cuisson : 1 h

Ingrédients :

1 bol de haricots blancs secs
1,5 l de moules
2 tomates
2 oignons
2 petits oignons
1 bouquet garni
1 cuil. à soupe de persil haché
4 cuil. à soupe d'huile d'olive
1 cuil. à soupe de vinaigre
1 cuil. à café de moutarde
1 cuil. à soupe de crème fraîche allégée
sel, poivre

Faire tremper les haricots blancs dans l'eau pendant 12 h, puis les faire cuire à l'eau salée avec les deux oignons et le bouquet garni pendant 1 h. Les égoutter et laisser refroidir.

Laver les moules, les faire ouvrir à feu vif et les décortiquer. Préparer ensuite une sauce vinaigrette et y ajouter la crème fraîche, ainsi que les petits oignons hachés et le persil. Assaisonner de sel et de poivre.

Avant de servir, mélanger la sauce, les moules et les haricots blancs et laisser macérer. Décorer de rondelles de tomates.

Salade niçoise de riz intégral

Pour 6/8 personnes

Préparation : 10 mn
Cuisson : 15 à 18 mn
Réfrigération : 30 mn

Ingrédients :

400 g de riz long intégral
1 concombre
1 poivron vert et 1 poivron rouge
6 tomates bien fermes
125 g d'olives noires
2 oignons blancs, frais
1 gousse d'ail
1 petite boîte d'anchois à l'huile
2 petites boîtes de thon à l'huile

sauce :

4 cuil. à soupe d'huile d'olive
1 cuil. à soupe de vinaigre
1 cuil. à café de moutarde
sel, poivre

Faire cuire le riz dans de l'eau bouillante salée pendant 35 à 40 mn, le rincer et l'égoutter.

Éplucher et découper le concombre, les tomates et les poivrons en petits dés. Mélanger le tout avec les oignons hachés et le thon émietté.

Préparer une sauce vinaigrette et l'ajouter au reste. Bien mélanger le riz et la préparation, et laisser macérer pendant 30 mn au réfrigérateur.

Servir frais.

Taboulé intégral

Pour 6 personnes

Préparation : 2 h 30 mn

Ingrédients :

200 g de semoule intégrale
500 g de tomates
1/2 concombre
12 petits oignons
2 citrons
2 cuil. à soupe de persil haché
1 cuil. à soupe de menthe fraîche hachée
6 cuil. à soupe d'huile d'olive
sel, poivre

Éplucher et couper le concombre en tout petits dés. Éplucher et couper les tomates en petits dés sans les faire dégorger, de façon à conserver tout leur jus.

Les mélanger avec la semoule, le persil, la menthe hachée, le jus des citrons et l'huile d'olive. Assaisonner de sel et de poivre, puis laisser gonfler au réfrigérateur, pendant au moins 6 heures, en remuant de temps à autre.

Servir frais, décoré avec les petits oignons et des feuilles de menthe.

Gnocchi intégral au basilic

Pour 6 personnes

Préparation : 1 h 30 mn
Cuisson : 15 mn

Ingrédients :

1 l de lait demi-écrémé
300 g de semoule intégrale
3 jaunes d'œufs
3 cuil. à soupe d'huile d'olive
100 g de gruyère râpé
sel, poivre, noix de muscade
basilic

Porter le lait à ébullition et y verser la semoule en pluie. Faire cuire à feu doux pendant 10 mn en remuant continuellement, de manière à obtenir une préparation épaisse.

Assaisonner de sel, de poivre, de noix de muscade et d'huile d'olive. Retirer du feu, incorporer les jaunes d'œufs un par un et bien mélanger pour obtenir une pâte.

Mouiller une grande feuille de papier aluminium et y étaler la pâte sur un demi-centimètre d'épaisseur. Laisser refroidir.

Découper des gnocchi de la forme que vous souhaitez, les mettre dans un plat à gratin, les saupoudrer de gruyère râpé et verser un petit filet d'huile d'olive.

Mettre à four chaud, à 250 °C (th. 7-8), pendant 15 mn. Préparer un coulis de tomates au basilic (voir recette p. 77).

Servir chaud, accompagné du coulis.

LE PLAT PRINCIPAL

Œufs de caille aux noix de Saint-Jacques

Pour 4 personnes

Préparation : 10 mn
Cuisson : 5 mn

Ingrédients :

8 œufs de caille
4 noix de Saint-Jacques crues
120 g de crème fleurette allégée
4 cuil. à soupe de vin blanc
ciboulette et persil haché
sel, poivre
4 coquilles Saint-Jacques vides

Couper les noix de Saint-Jacques en trois et les disposer dans les coquilles avec 1 cuil. à soupe de vin blanc.

Assaisonner de sel et de poivre, casser 2 œufs de caille par coquille et recouvrir de crème fleurette.

Faire cuire au four à 220 °C (th. 7) pendant 5 mn.

Avant de servir, décorer de ciboulette et de persil hachés.

Foie gras d'oie aux Saint-Jacques

Pour 6 personnes

Préparation : 1 h
Cuisson : 30 mn

Ingrédients :

1 foie d'oie frais de 800 g
8 belles coquilles Saint-Jacques
1/2 verre de porto
sel, paprika doux

Nettoyer et faire ouvrir les coquilles, à feu vif, pendant quelques secondes. Séparer le blanc des coraux. Couper les blancs en fines lamelles. Assaisonner de sel et de paprika doux. Mixer les coraux avec le porto et du paprika doux.

Faire dégorger le foie d'oie dans l'eau glacée pendant 6 h. Le dénerver, le saler et le poivrer.

Mettre un peu de noix de Saint-Jacques au fond d'une terrine, déposer le foie d'oie dessus, le presser pour qu'il prenne la forme de la terrine, verser la purée de corail et recouvrir du restant des Saint-Jacques.

Couvrir le tout d'une feuille de papier d'aluminium et faire cuire au bain-marie, à four doux, 100 °C-120 °C (th. 3-4) pendant 35 mn.

Servir tiède.

Suggestions :

Peut être réalisé de la même façon avec du foie de canard.

Noix de Saint-Jacques au jambon

Pour 4 personnes

Préparation : 10 mn
Cuisson : 25 mn

Ingrédients :

16 noix de Saint-Jacques crues
1 cuil. à soupe d'huile d'olive
1 échalote
150 g de jambon cru
4 cuil. à soupe de crème fraîche allégée
1 verre de vin blanc sec
sel, poivre

Faire revenir l'échalote hachée dans l'huile d'olive. Ajouter les noix de Saint-Jacques, les faire dorer 2 mn seulement. Assaisonner de sel et de poivre.

Ajouter le vin blanc et le jambon coupé en grosses lanières. Laisser mijoter 1/4 h à feu doux.

Ajouter la crème juste avant de servir.

Saint-Jacques sur lit de poireaux

Pour 4 personnes

Préparation : 10 mn
Cuisson : 15 mn

Ingrédients :

16 noix de Saint-Jacques
500 g de blancs de poireaux
8 cuil. à soupe d'huile d'olive
1 verre de vin blanc sec
quelques feuilles d'estragon

Nettoyer les blancs de poireaux et les couper en fines rondelles. Les faire revenir dans 2 cuil. à soupe d'huile d'olive à feu doux, sans les laisser se colorer. Ajouter le vin blanc et laisser mijoter pendant 15 mn.

Dans une autre poêle, faire sauter les noix de Saint-Jacques dans de l'huile d'olive pendant 2 mn de chaque côté. Assaisonner de sel, de poivre et d'estragon haché.

Répartir les blancs de poireaux dans des assiettes chaudes. Disposer les noix de Saint-Jacques dessus. Poivrer et servir.

Champignons de Paris aux huîtres

Pour 6 personnes

Préparation : 15 mn
Cuisson : 20 mn

Ingrédients :

36 champignons de Paris, frais
36 huîtres de Marennes ou d'Oléron
1/2 l de crème fouettée
2 jaunes d'œufs
1/2 verre d'armagnac

Couper le bout terreux des champignons. Laver les champignons puis les essuyer dans un torchon. Séparer les têtes et les queues.

Ouvrir les huîtres et les décortiquer. Filtrer leur eau et la réserver. Mixer les queues des champignons et y ajouter un peu d'eau des huîtres pour obtenir la consistance d'une purée fine.

Faire revenir les têtes des champignons à la poêle, dans un peu d'huile, à feu doux, pendant 15 mn.

Lorsque les têtes des champignons sont cuites, les retirer de la poêle et les mettre de côté, au chaud.

Dégraisser la poêle et y verser l'armagnac, les huîtres et la moitié de leur eau. Porter à ébullition pendant 30 secondes et retirer les huîtres. Les garder au chaud.

Incorporer la purée de champignons dans la poêle et laisser réduire de manière à obtenir une sauce épaisse.

Mélanger la crème fouettée avec les deux jaunes d'œufs et ajouter la purée de champignons réduite.

Servir les champignons avec les huîtres et les napper de sauce.

Huîtres chaudes au jambon

Pour 4 personnes

Préparation : 10 mn
Cuisson : 18 mn

Ingrédients :

4 douzaines d'huîtres de belle taille
2 belles tranches de jambon cru
2 échalotes finement émincées
200 g de champignons de Paris frais et émincés
1 cuil. à soupe de jus de citron
2 pincées de sel de céleri
10 cl de crème fraîche allégée
2 cuil. à soupe de persil haché
sel, poivre

Ouvrir les huîtres, les sortir de leur coquille et filtrer leur eau. Couper le jambon en lamelles et le faire revenir à feu vif.

Ajouter ensuite l'eau des huîtres, avec les échalotes, les champignons émincés, le jus de citron, le sel, le poivre, et le sel de céleri. Laisser mijoter, à couvert, pendant 5 mn et découvrir pendant 5 autres mn pour faire réduire le liquide de cuisson.

Ajouter ensuite les huîtres et laisser cuire jusqu'à ébullition. Incorporer enfin la crème, saupoudrer de persil et laisser 1 mn sur le feu, en remuant.

Servir aussitôt dans des assiettes chaudes.

Omelette aux huîtres

Pour 4 personnes

Préparation : 15 mn
Cuisson : 7 mn

Ingrédients :

8 œufs
12 huîtres plates de Belon (taille 00)
2 cuil. à soupe de persil plat haché
1 pointe de safran
2 cuil. à soupe de crème fleurette allégée
sel, poivre
3 cuil. à soupe d'huile de tournesol

Ouvrir les huîtres, les décortiquer, conserver leur eau et la filtrer dans une casserole. Faire chauffer cette eau sans la faire bouillir et y plonger les huîtres pendant 30 secondes. Conserver au chaud.

Battre les œufs en omelette avec 2 cuil. à soupe de jus de cuisson, une pointe de safran, du sel et du poivre.

Faire cuire l'omelette à l'huile de tournesol, égoutter les huîtres sur du papier absorbant et les disposer au centre de l'omelette lorsqu'elle est presque cuite. La replier en deux et servir aussitôt.

Huîtres en sabayon

Pour 4 personnes

Préparation : 20 mn
Cuisson : 5 mn

Ingrédients :

24 huîtres de Marennes ou d'Oléron
6 jaunes d'œufs
400 g de tomates
1 citron
1 cuil. à soupe de ciboulette finement ciselée
3 cuil. à soupe de crème allégée
poivre, gros sel

Ouvrir les huîtres et les détacher de leurs coquilles (mais les laisser dedans). Récupérer 15 cl de leur eau et la filtrer.

Ébouillanter les tomates pendant 30 secondes, les peler et les épépiner. Couper la chair en dés et la laisser égoutter dans une passoire.

Chauffer doucement les jaunes d'œufs et le jus des huîtres au bain-marie, en battant au fouet électrique (augmenter le feu quand le mélange commence à monter). Assaisonner cette mousse avec le poivre et la ciboulette. Ajouter la crème allégée montée et quelques gouttes de jus de citron.

Faire préchauffer le gril du four. Répartir les dés de tomates dans les huîtres et ajouter la mousse (sabayon) par-dessus.

Utiliser un plat allant au four, y mettre du gros sel pour y caler les huîtres et les passer au gril 1 mn. Servir aussitôt.

Poêlée de foie de génisse

Pour 4 personnes

Préparation : 20 mn
Cuisson : 10 mn

Ingrédients :

8 tranches de foie de génisse de 80 g chacune
400 g d'oignons
200 g de lard maigre en fines tranches
1 pincée de thym
sel, poivre

Éplucher et hacher finement les oignons. Faire revenir les tranches de lard à la poêle et les conserver au chaud, puis faire fondre les oignons à feu doux dans cette même poêle.

Ajouter les tranches de foie et les faire cuire 2-3 mn de chaque côté. Assaisonner avec le sel, le poivre, le thym et disposer dans les assiettes sur un lit d'oignons.

Servir avec les tranches de lard posées dessus.

Chili con carne

Pour 6 personnes

Préparation : 30 mn
Cuisson : 3 h

Ingrédients :

1 kg de steack haché
300 g de haricots rouges secs
3 oignons
1 poivron vert
2 gousses d'ail
1 boîte de 1 kg de tomates au naturel
10 cl d'huile d'olive
2 piments de Cayenne
1 cuil. à café de cumin en poudre
1/2 l de bouillon de volaille
1 cuil. à café de paprika

Faire tremper les haricots rouges dans de l'eau froide pendant 12 h, les égoutter et les faire cuire à l'eau (froide au départ) à feu moyen, pendant 1 h 30. A mi-cuisson, saler et écumer. Quand les haricots sont cuits, les égoutter et les conserver à part.

Faire revenir la viande hachée dans une cocotte, à feu vif, avec 3 cuil. à soupe d'huile d'olive. Assaisonner de sel et de paprika. Laisser mijoter pendant 10 mn, retirer la viande et la conserver à part.

Laver et découper le poivron en dés, puis le faire revenir dans la cocotte, à feu doux, dans 2 cuil. à soupe d'huile d'olive. Ajouter les oignons émincés et les gousses d'ail écrasées. Quand les oignons sont translucides, ajouter les piments de Cayenne et le cumin.

Remettre la viande dans la cocotte, verser le bouillon, les tomates et bien mélanger le tout. Faire cuire à feu doux, à couvert, pendant 40 mn. A la fin de la cuisson, ajouter les haricots rouges et remettre à feu doux, à couvert, pendant encore 30 mn.

Au cours de la cuisson, ajouter du bouillon si nécessaire.

Servir chaud.

Paëlla au riz intégral

Pour 6 personnes

Préparation : 1 h
Cuisson : 1 h

Ingrédients :

1 gros poulet découpé en morceaux et bien dégraissé (1,2 kg)
500 g de calamars
500 g de langoustines
une douzaine de grosses moules
350 g de riz intégral long
250 g de petits pois
750 g de tomates pelées en boîte
3 beaux oignons
4/5 cuil. à soupe d'huile d'olive
1 bonne pincée de safran
sel, poivre

Faire tremper le riz intégral dans de l'eau froide pendant 3 h, l'égoutter et le faire précuire pendant 15 mn. Dans une grande poêle, ou dans un plat à paëlla, faire revenir les morceaux de poulet dans l'huile d'olive, jusqu'à ce qu'ils soient bien dorés et les conserver à part.

Dans la même poêle, faire revenir les oignons hachés puis verser les tomates coupées en morceaux et égouttées. Remettre les morceaux de poulet, assaisonner de sel et de poivre, et bien mélanger le tout. Laisser mijoter pendant 30 mn (mouiller avec un peu d'eau bouillante si nécessaire).

Ajouter ensuite les calamars nettoyés et coupés en rondelles, les petits pois, ainsi que les langoustines. Verser le riz intégral précuit en pluie dans la poêle qui doit contenir au moins 75 cl de liquide.

Faire cuire pendant 10 mn en remuant continuellement. Saupoudrer de safran et continuer la cuisson pendant encore 25 mn tout en mélangeant.

Laver les moules, bien les gratter et les ajouter 5 mn avant la fin de cuisson pour les faire ouvrir.

Couscous intégral

Pour 8 personnes

Préparation : 1 h 20 mn
Cuisson : 1 h 10 mn

Ingrédients :

1 kg de semoule intégrale
1 kg de jeune mouton (collier, poitrine, épaule)
1 poulet coupé en morceaux (1,2 kg)
4 navets
4 courgettes
1 morceau de courge
250 g de pois chiches en boîte
500 g d'oignons
1 poivron
200 g de raisins secs
2 tomates
1 cuil. à soupe de cumin du Maroc en poudre
1 pincée de cannelle en poudre
1 cuil. à soupe de ras el hanout (harissa)
1 cuil. à soupe d'huile d'olive

Rincer la semoule à l'eau froide dans une passoire, la saler et la laisser gonfler pendant 1/2 h en la remuant régulièrement. La mettre dans un grand plat pour la lisser et éviter qu'elle ne fasse des boules.

Faire bouillir de l'eau dans le couscoussier. Dès que la vapeur se forme, placer la semoule au-dessus et la faire cuire 15 mn à la vapeur.

La retirer, l'arroser d'un verre d'eau et la laisser gonfler de nouveau dans un plat pendant environ 15 mn. Lorsqu'elle est refroidie, la remettre dans le couscoussier pour la faire cuire à nouveau, à la vapeur, pendant 15 mn. Quand elle est chaude, l'arroser avec un filet d'huile d'olive et bien mélanger.

Vider le couscoussier de son eau. Faire revenir le mouton à la poêle à feu vif, dans l'huile d'olive et le mettre de côté. Faire de même avec le poulet.

Dans la même poêle, faire revenir les oignons émincés et les tomates coupées en quartiers, puis rajouter le mouton. Assaisonner avec le cumin, la cannelle, le ras el hanout et du sel.

Replacer le mouton, les oignons et les tomates dans le couscoussier, ajouter 1 litre 1/2 d'eau bouillante et laisser cuire à feu doux pendant 1/2 h. Ajouter le poulet et les légumes, préalablement lavés et coupés en morceaux, en commençant par les courgettes et 1/4 h après les poivrons et la courge. Laisser cuire pendant 40 minutes.

Faire gonfler les raisins dans de l'eau tiède pendant quelques heures. Ajouter les pois chiches 15 mn avant la fin de la cuisson. Servir la semoule à part dans un grand plat, ainsi que les raisins égouttés.

Recommandations :

La semoule peut être cuite avec la vapeur de la viande et des légumes, elle sera plus parfumée.

Blanquette de veau au riz intégral

Pour 6 personnes

Préparation : 20 mn
Cuisson : 2 h 15 mn

Ingrédients :

1,2 kg de veau (épaule, tendron et flanchet) en morceaux
1 oignon piqué avec 1 clou de girofle et 1 feuille de laurier
1 bouquet garni
100 g de purée de champignons (cf recette p. 151)
4 cl de vin blanc sec
2 jaunes d'œufs
2 dl de crème fraîche allégée
1 cuil. à soupe de jus de citron
poivre de Cayenne ou noix de muscade
sel, poivre blanc

Blanchir la viande dans 75 cl d'eau bouillante avec l'oignon piqué, le bouquet garni, du sel et du poivre. Écumer et laisser mijoter pendant 2 h.

Égoutter la viande, ôter le bouquet garni et passer le bouillon de cuisson au tamis. Délayer la purée de champignons avec ce bouillon et porter à ébullition.

Dans une cocotte, remettre la viande avec la sauce ainsi obtenue, ajouter le vin blanc et laisser cuire encore 15 mn à feu doux.

Faire cuire le riz intégral dans de l'eau bouillante salée pendant 35 à 40 mn et l'égoutter.

Battre les jaunes d'œufs avec la crème fraîche et verser le tout progressivement dans la cocotte. Bien mélanger et assaisonner du jus de citron et de poivre de Cayenne (ou de noix de muscade).

Servir les morceaux de veau avec le riz intégral et arroser de sauce.

Cassoulet gersois

Pour 6 à 8 personnes

Préparation : 20 mn
Cuisson : 2 h 30 à 3 h

Ingrédients :

500 g de haricots blancs lingots du Lauraguais ou du nord, secs
6 à 8 membres de confit d'oie
1 boîte de gésiers confits
1 boîte de cous d'oie farcis
2 oignons
2 ou 3 tomates
3 gousses d'ail
2 bouquets garnis
sel, poivre

Faire tremper les haricots secs dans de l'eau pendant 12 h, les égoutter et les mettre à cuire, pendant 1 h, dans de l'eau froide non salée en ajoutant, à mi-cuisson, le sel et le bouquet garni. Conserver l'eau de cuisson.

Dans une cocotte, faire revenir, à feu moyen, les oignons hachés dans de la graisse d'oie, ajouter la chair des tomates (préalablement ébouillantées 30 secondes, pelées, épépinées et coupées en morceaux), les gousses d'ail écrasées et le bouquet garni.

Détailler le confit en parts et le dégraisser en le plaçant dans un four, pendant 2-3 mn à 70 °C (th. 2). Préserver 2 cuil. à soupe de cette graisse pour la mettre dans la cocotte. Débarrasser les gésiers de leur graisse, les tailler en lamelles et les saisir à la poêle, quelques instants, avec une cuillère à soupe de leur graisse. Faire de même avec les cous d'oie farcis.

Égoutter les haricots et les mélanger à la préparation à base de tomates. Y ajouter un peu de leur eau de cuisson et porter à ébullition.

Vérifier l'assaisonnement, ajouter le confit, les gésiers et les cous d'oie et laisser mijoter à tout petit feu pendant encore 40 à 50 mn. Passer quelques minutes sous le gril du four avant de servir.

Petit salé aux lentilles

Pour 6 à 8 personnes

Préparation : 20 mn
Cuisson : 2 h 30 à 3 h

Ingrédients :

600 g de lentilles vertes du Puy, sèches
1,5 kg de petit salé varié (échine, travers)
4 à 6 saucisses de Montbéliard
1 bouquet garni
2 oignons
huile d'olive
sel, poivre

Nettoyer l'échine et le travers à l'eau froide. Les faire blanchir dans de l'eau froide non salée et laisser mijoter à petit feu pendant 2 h. Piquer les saucisses, les ajouter au petit salé et laisser cuire encore 10 mn.

Trier les lentilles, les laver, les faire tremper dans de l'eau pendant 12 h et les faire cuire dans de l'eau froide salée avec les oignons et le bouquet garni. Porter lentement à ébullition et laisser mijoter pendant 30 à 40 mn (vérifier que l'eau ne bout pas trop fort pour ne pas faire éclater les lentilles). Dès la fin de la cuisson, égoutter les lentilles.

Dans une cocotte, disposer le petit salé découpé en morceaux et les lentilles égouttées. Mouiller avec un peu d'eau de cuisson du petit salé.

Verser un petit filet d'huile d'olive, poivrer, couvrir et laisser mijoter à feu très doux pendant encore 20 mn.

Servir chaud.

Spaghetti intégral à la carbonara

Pour 4 personnes

Préparation : 5 mn
Cuisson : 5 mn

Ingrédients :

500 g de spaghettis intégraux frais ou secs
8 tranches de lard maigre
1 dl de crème fraîche liquide
3 cuil. à soupe d'huile d'olive
4 œufs
80 g de parmesan râpé
sel, poivre

Faire cuire les spaghetti dans de l'eau bouillante salée avec 1 cuil. à soupe d'huile d'olive pendant 3 mn (pour des pâtes fraîches), et pendant 12 mn pour des pâtes sèches. Les égoutter et les garder au chaud.

Couper le lard en lardons et le faire revenir à la poêle, à feu vif, pendant quelques minutes. Retirer la moitié de la graisse exsudée, puis verser la crème fraîche et laisser réduire quelques minutes.

Retirer du feu, y ajouter les œufs battus en omelette et le parmesan râpé. Assaisonner de sel et de poivre, et conserver au chaud.

Servir immédiatement les pâtes, arrosées de sauce.

Suggestions :

Peut s'accompagner de sauce au pistou ou de purée de champignons.

Tagliatelles intégrales sauce épinards

Pour 6 personnes

Préparation : 10 mn
Cuisson : 20 mn
Réfrigération :

Ingrédients :

750 g de tagliatelles intégrales (sèches ou fraîches)
500 g d'épinards
50 g de parmesan râpé
2 cuil. à soupe d'huile d'olive
2 dl de lait demi-écrémé
200 g de crème fraîche allégée
1 jaune d'œuf
1 pincée de noix de muscade
sel, poivre

Faire blanchir les épinards frais dans de l'eau bouillante salée pendant quelques minutes.

Les hacher et les mélanger, à feu très doux, avec l'huile d'olive, la crème fraîche, le parmesan, le lait, le sel, le poivre et la noix de muscade.

Faire cuire les tagliatelles dans de l'eau bouillante salée pendant 3 mn pour les pâtes fraîches et 12 mn environ pour les pâtes sèches. Les égoutter.

Hors du feu, incorporer le jaune d'œuf battu aux épinards, remuer et verser sur les tagliatelles chaudes avant de servir.

Cuisse de dinde à la purée de lentilles

Pour 6 personnes

Préparation : 15 mn
Cuisson : 1 h 15 mn

Ingrédients :

1 cuisse de dinde de 1,2 kg, coupée en morceaux
200 g de lard fumé
1 oignon piqué de 1 clou de girofle
2 échalotes
1 gousse d'ail
25 g de crème fraîche allégée
500 g de lentilles vertes
1 bouquet garni (thym, romarin, laurier)
quelques branches de persil
1 cuil. à soupe d'huile d'olive
sel, poivre

Faire tremper les lentilles dans de l'eau froide pendant 12 h. Couper le lard en petits lardons et le faire revenir dans une cocotte, avec 1 cuil. à soupe d'huile d'olive et les échalotes émincées.

Quand ils sont bien dorés, les retirer de la cocotte et mettre à la place les morceaux de dinde, de manière à les faire dorer également. Puis remettre les lardons, les échalotes, l'ail écrasé, le bouquet garni, le sel et le poivre et 3/4 l d'eau. Laisser mijoter à feu doux pendant 1 h 15 mn.

Pendant ce temps, égoutter les lentilles et les faire cuire pendant 45 mn, à feu doux, dans de l'eau salée (froide au départ), avec l'oignon piqué du clou de girofle, le poivre et quelques feuilles de laurier.

Les égoutter et les mixer avec un peu d'eau de cuisson, puis passer cette purée au tamis en ajoutant la crème fraîche allégée.

Servir les morceaux de dinde accompagnés de la purée de lentilles.

Lentilles aux tomates et chorizo

Pour 4 à 6 personnes

Préparation : 30 mn
Cuisson : 1 h 45 mn

Ingrédients :

500 g de lentilles vertes du Puy
2 oignons
1 gousse d'ail
2 cuil. à soupe d'huile d'olive
250 g de chorizo
1 pincée de poudre de piment rouge
500 g de tomates
persil haché
sel, gros sel

Faire tremper les lentilles dans l'eau froide pendant 12 h. Les faire cuire dans de l'eau non salée (froide au départ), à feu doux, pendant 15 mn. Ajouter 1 cuil. à café de gros sel et laisser cuire à nouveau pendant 30 mn.

Dans une cocotte, faire revenir l'oignon émincé et l'ail écrasé. Ajouter ensuite le piment, les tomates pelées et coupées en quartiers, ainsi que le persil haché.

Saler, mélanger rapidement et ajouter le chorizo coupé en rondelles fines. Verser les lentilles égouttées dans la cocotte et laisser mijoter à feu doux pendant 15 mn.

Servir très chaud.

Flageolets aux champignons de Paris

Pour 4 personnes

Préparation : 5 mn
Cuisson : 10 mn

Ingrédients :

1 boîte de 1 kg de flageolets au naturel
1 petite boîte de champignons de Paris
100 g de crème fraîche allégée
sel, poivre
persil

Égoutter les flageolets et les champignons de Paris et faire chauffer le tout à feu doux 2 à 3 mn.

Ajouter ensuite la crème fraîche, mélanger et assaisonner de sel, de poivre et de persil haché.

Servir aussitôt

Soufflé de semoule intégrale au fromage

Pour 4 personnes

Préparation : 20 mn
Cuisson : 1 h 10 mn

Ingrédients :

1 l de lait
6 cuil. à soupe de semoule intégrale
250 g de fromage râpé (gruyère)
2 cuil. à soupe d'huile d'olive
4 œufs
2 cuil. à soupe de persil
sel, poivre
noix de muscade

Faire bouillir le lait et y verser la semoule intégrale en pluie en tournant avec une spatule pour la faire épaissir.

Ajouter alors le fromage râpé, assaisonner de sel, de poivre et de noix de muscade. Laisser mijoter encore 5 mn. Battre les blancs d'œufs en neige bien ferme.

Laisser refroidir un peu la semoule et ajouter progressivement les jaunes battus, en tournant rapidement.

Incorporer ensuite les blancs en neige et le persil haché, puis mélanger délicatement.

Huiler un moule à soufflé et y verser la préparation. Mettre à four moyen à 150 °C (th. 4-5) pendant 1 h.

Servir sans attendre.

LES DESSERTS

Flans de fromage aux raisins secs

(dessert à très faible écart)

Pour 6 personnes

Préparation : 18 mn
Cuisson : 25 mn

Ingrédients :

100 g de raisins secs
250 g de fromage blanc à 40 % de matière grasse
3 œufs
4 feuilles de gélatine
1/2 verre de lait
2 cuil. à soupe de fructose
1/2 verre de rhum

Faire gonfler les raisins secs la veille, dans le rhum, ajouter éventuellement un peu d'eau pour les recouvrir totalement.

Battre les jaunes d'œufs et ajouter le fromage blanc et le fructose. Monter les blancs en neige bien ferme et les incorporer au mélange précédent.

Faire chauffer le lait et incorporer les feuilles de gélatine préalablement ramollies dans l'eau froide et essorées. Ajouter ce liquide à la préparation, ainsi que les raisins bien égouttés et mélanger délicatement le tout.

Verser cette préparation dans un moule à charlotte, et faire cuire au four à 220 °C (th. 7) pendant 25 mn.

Servir tiède ou froid.

Flans au citron et pomme

(dessert à très faible écart)

Pour 4 personnes

Préparation : 15 mn
Cuisson : 30 mn

Ingrédients :

4 jaunes d'œufs
1 œuf entier
3 cuil. à soupe de fructose
2 pommes golden épluchées (400 g)
1 citron 1/2

Battre les jaunes d'œufs avec l'œuf entier et le fructose. Ajouter le zeste du citron ainsi que le jus des citrons, passé au tamis.

Râper finement les pommes et les mélanger à la préparation. La verser dans quatre ramequins beurrés et la faire cuire au bain-marie, au four, à 190 °C (th. 5-6) pendant 30 mn.

Démouler et servir tiède ou froid.

Œufs au lait

(dessert à très faible écart)

Pour 5 personnes

Préparation : 10 mn
Cuisson : 30 mn
Réfrigération : 3 h

Ingrédients :

1/2 l de lait demi-écrémé
5 jaunes d'œufs
2 cuil. à soupe de fructose
1 gousse de vanille

Faire chauffer le lait avec la gousse de vanille, le laisser légèrement refroidir et retirer la gousse de vanille.

Battre vigoureusement les jaunes et verser le lait tiède dessus. Ajouter le fructose et verser la préparation dans des ramequins.

Faire cuire au bain-marie à four moyen, à 180 °C (th. 5), environ 30 mn.

Servir froid dans des ramequins.

Œufs à la neige

(dessert à très faible écart)

Pour 6 à 8 personnes

Préparation : 30 mn
Cuisson : 30 mn

Ingrédients :

1 gousse de vanille
8 œufs
1 l de lait demi-écrémé
3 cuil. à soupe de fructose
1 pincée de sel

Séparer les blancs d'œufs des jaunes et les monter en neige bien ferme avec une pincée de sel.

Faire bouillir le lait avec la gousse de vanille et un demi-verre d'eau, le maintenir frémissant.

A l'aide d'une cuillère à soupe, former des boules de blancs en neige et les déposer à la surface du lait. Les faire cuire 1 mn de chaque côté et les poser sur un linge pour les faire égoutter.

Faire une crème anglaise en battant les jaunes d'œufs et en versant le lait tiède dessus (légèrement allongé pour en obtenir 1 l), fouetter rapidement.

Remettre à feu doux pour faire épaissir le mélange et sucrer avec le fructose au dernier moment.

Laisser refroidir et servir avec les œufs en neige déposés sur la crème anglaise.

Bavarois aux framboises

(dessert à très faible écart)

Pour 4 personnes

Préparation : 15 mn
Réfrigération : 12 h

Ingrédients :

500 g de framboises
1/2 l de lait
4 jaunes d'œufs
3 cuil. à soupe de fructose
6 feuilles de gélatine

Porter le lait à ébullition. Mélanger les jaunes et le fructose en fouettant dans un saladier. Verser progressivement le lait chaud dessus en remuant vigoureusement.

Remettre le tout à feu très doux et laisser cuire en remuant continuellement jusqu'à ce que le mélange épaississe. Incorporer alors les feuilles de gélatine préalablement ramollies dans de l'eau froide et essorées.

Mixer 200 g de framboises en coulis et les incorporer à la crème anglaise, ainsi que 50 g de framboises entières.

Verser la préparation dans des ramequins ou dans un moule à charlotte et laisser prendre au réfrigérateur pendant 12 h. Faire un coulis de framboises avec le reste des fruits.

Démouler et servir nappé du coulis.

Bavarois de mangue au coulis de kiwis

(dessert à très faible écart)

Pour 6 personnes

Préparation : 15 mn
Réfrigération : 12 h

Ingrédients :

5 jaunes d'œufs
30 cl de lait entier
300 g de mangue épluchée
6 feuilles de gélatine
3 cuil. à soupe de fructose

coulis de kiwis :

4 kiwis
1 jus de citron
2 cuil. à soupe de fructose

Préparer une crème anglaise : faire chauffer le lait, battre les jaunes avec le fructose dans un saladier, verser progressivement le lait chaud dessus en remuant avec un fouet et remettre le mélange sur feu doux en remuant jusqu'à ce qu'il épaississe.

Incorporer à cette crème, les feuilles de gélatine préalablement ramollies dans de l'eau froide et essorées.

Mixer la mangue de manière à obtenir une purée homogène et l'incorporer à la crème anglaise.

Verser cette préparation dans un moule à charlotte et laisser prendre au réfrigérateur pendant 12 h.

Faire un coulis en mixant les kiwis avec le jus de citron et le fructose.

Démouler le bavarois et le servir nappé du coulis de kiwis.

Bavarois à la rhubarbe et son coulis

(dessert à très faible écart)

Pour 6 personnes

Préparation : 30 mn
Cuisson : 25 mn
Réfrigération : 3 h

Ingrédients :

1 kg de rhubarbe
1 jus de citron
6 feuilles de gélatine
1 dl de vin blanc doux
5 cuil. à soupe de fructose
400 g de framboises
3 cuil. à soupe de crème fraîche épaisse allégée

Laver, éplucher la rhubarbe et la couper en petits dés. La faire cuire dans de l'eau bouillante avec le jus de citron pendant 25 mn.

Égoutter la rhubarbe et conserver le jus de cuisson. Mixer les morceaux de manière à obtenir une purée fine, et y incorporer les feuilles de gélatine préalablement ramollies dans de l'eau froide et essorées.

Ajouter ensuite 1/2 l du jus de cuisson de la rhubarbe mis de côté auparavant, le vin blanc, la crème fraîche et le fructose. Bien mélanger le tout, verser dans un moule à cake et faire prendre au réfrigérateur pendant 3 h.

Mixer les framboises en coulis et les passer au tamis. Servir en tranches et napper de coulis de framboises.

Bavarois vanille et chocolat

(dessert à très faible écart)

Pour 6 personnes

Préparation : 15 mn
Réfrigération : 12 h

Ingrédients :

75 cl de lait entier
10 jaunes d'œufs
5 cuil. à soupe de fructose
1 gousse de vanille
5 feuilles de gélatine
2 cuil. à café de café soluble
1 cuil. à soupe de rhum
150 g de chocolat amer à 70 % de cacao minimum

Faire bouillir le lait avec la gousse de vanille coupée en deux dans le sens de la longueur pendant 10 mn.

Délayer le café soluble dans quelques gouttes de lait chaud et mélanger le tout au reste du lait avec le rhum.

Battre les jaunes d'œufs avec le fructose et verser le lait dessus en remuant continuellement. Remettre le tout sur feu doux et chauffer jusqu'à ce que la sauce épaississe.

Incorporer alors les feuilles de gélatine préalablement ramollies dans de l'eau froide et essorées. Verser cette préparation dans un moule à charlotte et laisser prendre au réfrigérateur pendant 12 h.

Au moment de servir, faire fondre le chocolat au bain-marie en ajoutant un peu d'eau. Démouler le bavarois et napper de chocolat tiède (laisser refroidir légèrement).

Mousse au fromage blanc et fruits rouges

(dessert à très faible écart)

Pour 4 à 5 personnes

Préparation : 15 mn

Ingrédients :

250 g de fromage blanc à 20 % de matière grasse
3 blancs d'œufs
3 cuil. à soupe de fructose
100 g de framboises
100 g de petites fraises

Battre les blancs en neige ferme après avoir ajouté une cuil. à soupe de fructose.

Mélanger le fromage blanc avec les deux autres cuil. à soupe de fructose et incorporer les blancs en neige délicatement, de manière à obtenir une mousse.

Laver et couper les fruits en morceaux pour les incorporer au fromage blanc.

Mettre dans un saladier, au frais, quelques heures.

Mousse au Grand Marnier

(dessert à très faible écart)

Pour 4 personnes

Préparation : 10 mn
Réfrigération : 2 h

Ingrédients :

4 œufs
12 petits suisses (à 30 % de matière grasse)
3 cuil. à soupe de crème fraîche allégée
4 cl de Grand Marnier
3 cuil. à soupe de fructose

Battre les jaunes avec le fructose et monter les blancs en neige bien ferme.

Mélanger les petits suisses avec la crème fraîche et ajouter le Grand Marnier, puis les jaunes d'œufs.

Incorporer délicatement les blancs en neige à ce mélange, de manière à obtenir une mousse homogène.

Faire prendre au réfrigérateur pendant 2 h.

Servir frais.

Mousse à l'abricot

(dessert à très faible écart)

Pour 4 personnes

Préparation : 15 mn
Réfrigération : 1 h

Ingrédients :

500 g d'abricots
1 citron
2 cuil. à soupe de fructose
4 feuilles de gélatine
150 g de fromage blanc à 20 % de matière grasse
100 g de crème allégée

Faire blanchir les abricots dans de l'eau bouillante pendant 1 mn. Les égoutter, les éplucher et les couper en deux pour en retirer le noyau.

Les mixer en purée et ajouter le jus de citron et le fructose. Faire ramollir les feuilles de gélatine et les essorer. Faire fondre la gélatine au bain-marie avec deux cuillères à soupe d'eau et l'incorporer immédiatement à la purée d'abricots.

Passer le fromage blanc au fouet et l'ajouter au reste de la préparation. Bien mélanger le tout.

Verser cette mousse dans des ramequins et faire prendre au réfrigérateur pendant 3 h.

Servir très frais.

Sorbet à la mangue

(dessert à très faible écart)

Pour 4 personnes

Préparation : 10 mn
Réfrigération : 3 h

Ingrédients :

2 mangues bien mûres (450 g de chair, poids net)
100 g de lait concentré demi-écrémé non sucré
2 cuil. à soupe de jus de citron
quelques gouttes d'extrait de vanille
2 cuil. à soupe de fructose

Éplucher les mangues et en enlever le noyau. Puis, les couper en petits morceaux.

Les mixer avec le lait concentré, le jus de citron, la vanille et le fructose (vous devez obtenir une consistance bien mousseuse).

Mettre cette mousse au congélateur pendant 3 h environ et servir en formant des boules comme pour les glaces.

Recommandations :

Utiliser de préférence une sorbetière.

Gratin de fruits rouges

(dessert à très faible écart)

Pour 8 personnes

Préparation : 10 mn
Cuisson : 25 à 30 mn

Ingrédients :

750 g de fraises
750 g de framboises
5 œufs
1/2 l de lait demi-écrémé
20 cl de crème fraîche allégée
4 cuil. à soupe de fructose

Couper les fraises en deux. Dans un plat à gratin, disposer alternativement une couche de fraises et une couche de framboises, séparées par une légère couche de crème fraîche. Terminer par une couche de framboises.

Battre les œufs en omelette et y ajouter le lait et le fructose. Verser ce mélange sur les fruits et faire cuire au four à 200 °C (th. 6) pendant 25 à 30 mn.

Servir tiède ou froid.

Crème chantilly Nata

(dessert à très faible écart) [1]

Pour 4 personnes

Préparation : 15 mn
Réfrigération : 30 mn

Ingrédients :

25 cl de crème fleurette à 30 % de matière grasse
extrait de vanille (liquide)

Mettre la crème fleurette et le saladier dans lequel vous allez faire la Chantilly au freezer pendant 30 mn.

Battre la crème au fouet électrique de manière à obtenir une Chantilly bien ferme (attention qu'elle ne tourne pas en beurre).

Ajouter 2 à 3 gouttes d'extrait de vanille avant la fin, en continuant de battre.

Mettre au frais et servir avec des fruits rouges (framboises, fraises, groseilles, mûres).

Suggestions :

Vous pouvez également incorporer 1 à 2 cuil. à soupe de cacao amer en poudre (Van Houten) à la fin, quand la Chantilly est presque montée.

Quand il fait chaud, monter votre Chantilly en mettant votre saladier dans un autre (plus grand) contenant des glaçons.

Note :

Ce dessert est classé parmi les desserts à très faibles écarts parce que l'extrait de vanille, qui contient toujours un peu de sucre, accompagne généralement des fraises et des framboises dont le taux de sucre (fructose) est extrêmement faible.

Les fraises et les framboises « Nata » constituent donc le meilleur dessert, en phase II, et le seul dessert que l'on puisse s'offrir de temps en temps en phase I.

Pâte à crêpes intégrales

(dessert à faible écart)

Pour 15 crêpes

Préparation : 10 mn
Cuisson : 3 mn / crêpe

Ingrédients :

250 g de farine intégrale (type T202)
1/2 l de lait demi-écrémé
2 œufs
1 cuil. à café d'huile de tournesol
1 pincée de sel
(fleur d'oranger pour les crêpes dessert)

Mettre la farine intégrale dans une grande jatte et former un puits où vous casserez les œufs entiers.

Verser une pincée de sel et mélanger délicatement au fouet en versant le lait par petites quantités. Ajouter ensuite l'huile de tournesol (et éventuellement la fleur d'oranger), bien mélanger et laisser reposer 2 h au réfrigérateur.

Au moment de faire vos crêpes, rallonger la pâte avec un peu d'eau ou de lait pour qu'elle soit assez fluide.

Les faire cuire dans une poêle anti-adhésive.

Suggestions :

Avec cette pâte à crêpes vous pouvez préparer toutes les variantes de crêpes salées et sucrées, mais uniquement au fructose.

Crème pâtissière intégrale au chocolat

(dessert à faible écart)

Pour 4 à 5 personnes

Préparation : 10 mn
Cuisson : 20 mn

Ingrédients :

1 l de lait demi-écrémé
6 œufs
100 g de farine intégrale
150 g de chocolat amer à 70 % de cacao minimum.
40 g de fructose

Faire bouillir le lait. Battre les œufs en omelette et ajouter progressivement la farine tamisée.

Verser le lait légèrement refroidi en fouettant vigoureusement. Remettre à feu moyen jusqu'à obtention d'une crème, sans cesser de remuer. Laisser cuire 3 minutes.

Faire fondre le chocolat au bain-marie et l'ajouter à la crème. Incorporer le fructose et bien mélanger. Servir tiède ou froid (remuer de temps à autre pendant qu'elle refroidit).

Soufflé au chocolat

(dessert à faible écart)

Pour 6 personnes

Préparation : 15 mn
Cuisson : 20 mn

Ingrédients :

200 g de chocolat amer à 70 % de cacao minimum
5 œufs
4 cl de lait
25 g de crème fleurette allégée
quelques gouttes de citron

Préchauffer le four à 190 °C (th. 5-6). Faire fondre le chocolat en morceaux, au bain-marie. Ajouter hors du feu le lait, la crème, et les jaunes d'œufs tout en remuant avec un fouet.

Monter les blancs en neige avec le citron. Incorporer progressivement ces blancs au chocolat et mélanger délicatement.

Beurrer un moule à soufflé de 17 cm de diamètre et y verser la préparation. Faire cuire au four (la grille disposée le plus bas possible), pendant 20 mn.

Servir immédiatement pour éviter que le soufflé ne retombe.

Mousse au chocolat

(dessert à faible écart)

Pour 6 à 8 personnes

Préparation : 25 mn
Cuisson : 10 mn
Réfrigération : 5 h

Ingrédients :

400 g de chocolat amer
70 % de cacao minimum
8 œufs
1/2 verre de rhum (7 cl)
4 cuil. à café de café soluble
1 pincée de sel

Couper le chocolat en morceaux et le mettre dans la casserole. Faire une demi-tasse d'un café très fort et la verser dans la casserole, ainsi que le rhum.

Faire fondre le chocolat au bain-marie tout en remuant avec une spatule.

Séparer les blancs d'œufs des jaunes et les monter en neige bien ferme avec une pincée de sel.

Faire tiédir le chocolat dans un saladier et y ajouter les jaunes en remuant rapidement. Ajouter délicatement les blancs en neige un à un. Mélanger avec précaution jusqu'à obtenir une mousse homogène.

La laisser prendre au réfrigérateur au moins 5 h avant de servir.

Suggestions :

Pour parfumer davantage la mousse, on peut ajouter un zeste d'orange.

Moelleux au chocolat

(dessert à faible écart)

Pour 4 personnes

Préparation : 20 mn
Cuisson : 10 mn

Ingrédients :

250 g de chocolat amer à 70 % de cacao minimum
5 œufs
1/2 verre de lait
1 pincée de sel

Faire fondre 200 g de chocolat au bain-marie avec le 1/2 verre de lait. Séparer les blancs des jaunes. Monter les blancs en neige bien ferme avec une pincée de sel puis incorporer les jaunes en continuant de battre au fouet électrique, de manière à ce que le mélange soit homogène.

Ajouter cette préparation au chocolat et laisser le tout sur le feu (au bain-marie), en remuant sans cesse, le temps que le mélange épaississe et forme une pâte molle granuleuse (la cuisson des œufs va faire diminuer de volume la préparation et lui donner la consistance d'œufs brouillés).

Étaler cette pâte dans un moule à gâteau ou dans une assiette creuse sur une épaisseur de 2 cm et laisser tiédir.

Pendant ce temps, faire fondre les 50 g de chocolat noir restant, au bain-marie, avec 4 à 5 cuil. à soupe d'eau. Quand celui-ci est totalement fondu, le verser sur le gâteau et l'étaler à l'aide d'une spatule pour faire un glaçage.

Ce « moelleux » peut se manger de suite, tiède ou froid, après avoir passé 1 h au réfrigérateur. On peut aussi le déguster avec de la crème fouettée

Recommandations :

Si vous le conservez quelque temps au réfrigérateur, sortez le 2 h avant de le consommer.

Crème brûlée

(dessert à faible écart)

Pour 4/5 personnes

Préparation : 20 mn
Cuisson : 1 h 30
Réfrigération : 3 h

Ingrédients :

4 jaunes d'œufs
50 g de fructose
2 cuil. à café d'extrait de vanille
120 ml de lait entier
300 g de crème fraîche épaisse

Battre les jaunes d'œufs au fouet à main, et ajouter le fructose jusqu'à ce que le mélange blanchisse.

Faire bouillir le lait avec l'extrait de vanille et le retirer du feu dès que l'ébullition est atteinte. Laisser tiédir quelques minutes.

Verser le lait sur les jaunes et ajouter la crème en mélangeant délicatement.

Verser cette préparation dans quatre ramequins. Faire cuire à four doux à 90 °C (th. 3) pendant 1 h-1 h 30. Laisser refroidir avant de les mettre au réfrigérateur.

Avant de servir, saupoudrer la surface de fructose et passer sous le gril du four quelques instants, pour faire brûler le dessus. Ou encore mieux, le brûler au chalumeau.

Servir aussitôt.

Suggestions :

On peut éventuellement rajouter des fruits rouges dans la crème.

IDÉES POUR UN COCKTAIL MONTIGNAC

IDÉES POUR UN COCKTAIL MONTIGNAC

La hantise de tous ceux qui ont adopté les principes de la « méthode », est de se retrouver dans un cocktail traditionnel. C'est généralement une réception où le mini sandwich et le petit canapé au pain blanc le disputent aux bouchées et autres pizzas miniatures.

Si l'on ajoute à cela les petits fours hypersucrés ou la pièce montée bétonnée au caramel, du pâtissier de service, il y a de quoi désespérer le plus laxiste des « Montignaciens ».

Je donne dans mes premiers livres quelques indications sommaires, mais suffisamment efficaces pour éviter le naufrage, notamment quand on est en phase I.

L'idéal serait naturellement de parvenir à réformer les habitudes des professionnels, en les forçant à sortir de leurs routines « sandwichesques », pour proposer des amuse-gueules acceptables.

Nombreux sont ceux qui, ayant délibérément décidé de refuser la convention, ont inventé mille et une petites choses originales pour agrémenter le buffet de leur réception.

Les réalisations dans ce domaine sont illimitées car l'on peut en fait rivaliser d'imagination tant les possibilités et autres combinaisons sont envisageables.

Voici les ingrédients de base à partir desquels vous devriez pouvoir confectionner un « Buffet MONTIGNAC ». A vous de faire les assemblages qui conviennent.

Légumes :

— concombres ;
— céleris ;
— champignons ;
— poireaux ;
— asperges ;
— cœurs d'artichauts ;
— salsifis ;
— cœurs de palmiers ;
— endives ;
— radis ;
— choux-fleurs ,
— cornichons ;
— tomates, tomates cerises ;
— poivrons ;
— toutes les salades.

Œufs :

— rondelles d'œufs durs ;
— œufs de pigeons ou de cailles ;
— œufs de poissons.

Fromage :

— emmenthal ;
— gouda ;
— cheddar ;
— feta ;
— mozzarella ;
— roquefort ;
— carrés frais aromatisés aux herbes.

Charcuterie :

— saucisse sèche ;
— saucisson sec ;
— saucisson à l'ail ;
— jambon blanc ;
— jambon de pays ;
— foie gras.

Poissons et crustacés :

— crevettes ;
— moules ;
— queues de langoustines ;
— thon ;
— crabe ;
— saumon fumé ;
— surimi ;
— harengs ;
— poissons fumés : haddock, truite...

Volaille :

— blanc de poulet ;
— magret de canard fumé ;
— rôti de dinde.

Viandes froides :

— rôti de veau ;
— rôti de bœuf ;
— rôti de porc...

En ce qui concerne les desserts, il suffit de miniaturiser ceux qui sont proposés dans les recettes.

CONCLUSION
ET CONCOURS PERMANENT

L'élaboration des recettes de ce livre repose sur des principes simples qui sous-tendent la méthode MONTIGNAC :

— choix de glucides à index glycémiques bas et très bas, notamment d'aliments riches en fibres ;

— préférence pour les graisses monoinsaturées (huile d'olive, graisse d'oie) ou équilibre des bonnes et mauvaises graisses dans la même recette (huile d'olive-crème fraîche) ;

— exclusion des aliments raffinés :

• farines blanches (remplacées par de la purée de champignons dans les sauces) ;

• sucres (remplacés par le goût sucré du fruit ou exceptionnellement par du fructose) ;

• riz blanc, pâtes blanches et semoules (remplacés par leur équivalent sous leur forme intégrale) ;

— exclusion des pommes de terre, du maïs et des carottes, étant donné leur très mauvais index glycémique ;

— recours éventuel à la gélatine (qui est une protéine neutre sur le plan nutritionnel) pour la confection des bavarois et des terrines.

Ce livre aurait donc pu être écrit par bon nombre des lecteurs qui ont acquis au fil du temps une parfaite maîtrise des principes nutritionnels de la « méthode MONTIGNAC ».

Nous leur proposons donc d'enrichir cette première publication en envoyant leurs idées de recettes à l'éditeur. La démarche est simple, il suffit, de « Montignaquiser » les recettes classiques en y appliquant les principes énoncés ci-dessus et en leur conférant une pointe d'originalité.

Chaque mois, il sera procédé à un classement des meilleures propositions, qui seront retenues par un jury d'experts (composé de médecins, de diététiciens et de cuisiniers) et seront éventuellement publiées dans la revue VITALITÉ ET NUTRITION, certains magazines, et sur le minitel 3615 MONTIGNAC, en mentionnant le nom de leur auteur à qui un cadeau sera offert.

Par ailleurs, il est également envisagé d'organiser, à partir de ces recettes, un grand concours annuel, doté de nombreux prix, avec la participation de chefs prestigieux. Merci donc de bien vouloir soumettre l'objet de vos cogitations sur la gastronomie nutritionnelle à :

ÉDITIONS ARTULEN
CONCOURS RECETTES MONTIGNAC
46, avenue d'IÉNA
75116 PARIS

en ayant préalablement demandé un exemplaire du règlement de ce concours.

TABLE DES RECETTES PHASE I

LES ENTRÉES

les soupes

les flans et terrines

les crudités

les salades

les œufs

les poissons, mollusques et crustacés

LE PLAT PRINCIPAL

les œufs

les viandes

les volailles

les poissons, mollusques et crustacés

LES ACCOMPAGNEMENTS DE LÉGUMES VERTS

LES PLATS GLUCIDIQUES

TABLE DES RECETTES PHASE II

LES ENTRÉES

LE PLAT PRINCIPAL

LES DESSERTS A TRÈS FAIBLE ÉCART

LES DESSERTS A FAIBLE ÉCART

TABLE DES MATIÈRES

Cet ouvrage a été composé
par l'Imprimerie BUSSIÈRE
et imprimé sur presse CAMERON
dans les ateliers de B.C.A.
à Saint-Amand-Montrond (Cher)
en mars 1993

Impression de la couverture
réalisée sur les presses offset
de l'Imprimerie Bussière
à Saint-Amand-Montrond (Cher)

N° d'édition : 906-236. N° d'impression : 624-93-127
Dépôt légal : octobre 1992

Imprimé en France